内蒙古乌兰察布市马铃薯产业发展状况研究

温翠青◎著

黑龙江大学出版社
HEILONGJIANG UNIVERSITY PRESS
哈尔滨

图书在版编目（CIP）数据

内蒙古乌兰察布市马铃薯产业发展状况研究 / 温翠
青著. -- 哈尔滨：黑龙江大学出版社，2018.3
ISBN 978-7-5686-0206-8

Ⅰ．①内… Ⅱ．①温… Ⅲ．①马铃薯－产业发展－研
究－乌兰察布市 Ⅳ．①F326.11

中国版本图书馆 CIP 数据核字（2018）第 028638 号

内蒙古乌兰察布市马铃薯产业发展状况研究
NEIMENGGU WULANCHABU SHI MALINGSHU CHANYE FAZHAN ZHUANGKUANG YANJIU
温翠青　著

责任编辑　于　丹　王选宇
出版发行　黑龙江大学出版社
地　　址　哈尔滨市南岗区学府三道街 36 号
印　　刷　哈尔滨市石桥印务有限公司
开　　本　720 毫米 ×1000 毫米　1/16
印　　张　7.75
字　　数　123 千
版　　次　2018 年 3 月第 1 版
印　　次　2018 年 3 月第 1 次印刷
书　　号　ISBN 978-7-5686-0206-8
定　　价　22.00 元

前　言

　　乌兰察布市地处内蒙古自治区中部,位于农牧交错带,属半农半牧区。乌兰察布市生态系统脆弱,地处高寒地区,无霜期短,降雨量少,对农业生产有许多限制,但非常适合马铃薯的生长。马铃薯是乌兰察布市的主要农作物之一,种植历史悠久。

　　在产业结构调整的过程中,乌兰察布市因地制宜,把马铃薯产业列为农牧业四大主导产业之一,作为特色优质产业大力推进。乌兰察布市马铃薯种植面积逐年增加,产量稳步上升,马铃薯加工业随之兴起,马铃薯经纪人队伍也不断发展壮大,种植户来自马铃薯产业的收入不断增长。马铃薯产业化经营初见成效,标准化种植基地数量与种植面积不断增加。但是,近些年,随着种植面积逐步趋稳,马铃薯产业发展速度趋缓,一些问题也逐渐暴露出来。品种结构不合理、加工业发展滞后、规模经营主体发展受限等问题制约了马铃薯产业的进一步发展。

　　本书重点对乌兰察布市马铃薯产业的生产情况、消费情况、产业化经营情况、流通及价格情况进行了系统分析,总结了乌兰察布市马铃薯产业在发展过程中取得的成效和存在的不足之处,并提出了相应的发展对策和建议,对乌兰察布市马铃薯产业的进一步发展有重要的指导意义。

目录

第一章

绪论

1.1 研究背景

马铃薯是全球种植面积最大、分布最广的四种作物(小麦、玉米、水稻、马铃薯)之一,栽培遍及全球。联合国粮农组织(FAO)的统计数据显示:2013 年,全球马铃薯种植面积达 1 946 万公顷,仅次于小麦、水稻、玉米,位于第四位;同年,全球的马铃薯总产量达到 3.68 亿吨,平均单产 18.9 吨/公顷。世界各地都有马铃薯的生产,其中,欧洲、亚洲和美洲是世界马铃薯的主产区。

自 20 世纪 90 年代以来,世界马铃薯的生产呈现出向发展中国家,特别是向亚洲的发展中国家转移的趋势。1974 年,欧洲马铃薯的播种面积占全世界的65% 左右;2004 年,这一比例下降到 43% 左右;而到了 2013 年,欧洲马铃薯的播种面积进一步下降到 29.4% 左右。与此同时,亚洲的播种面积占比由 1974 年的 17% 左右上升到 2004 年的 39% 左右,2013 年则上升到 51.7% 左右。除亚洲外,非洲的播种面积也在缓慢增加。1974 年与 2004 年世界马铃薯生产分布见图 1-1、图 1-2。据统计,在 1983 年至 1996 年间,发展中国家的马铃薯生产每年增长 4.1%,发达国家的马铃薯生产每年下降 0.8%,其中,印度和中国的增长速度最快,分别为 5.1% 和 4.6%。

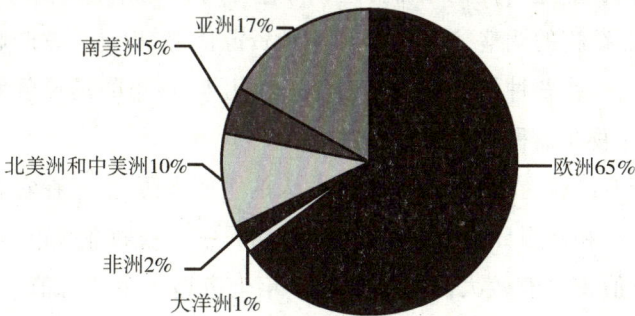

图 1-1 1974 年世界马铃薯生产分布图

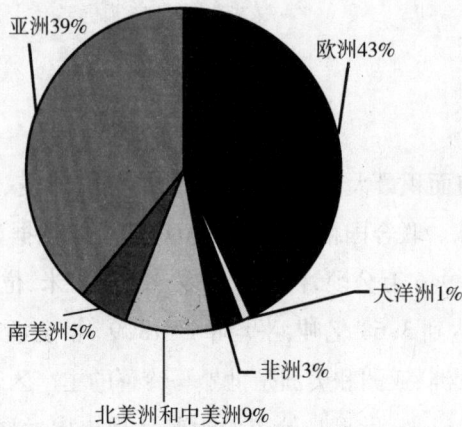

亚洲39%

欧洲43%

大洋洲1%

南美洲5%

非洲3%

北美洲和中美洲9%

图 1 - 2 2004 年世界马铃薯生产分布图

中国是世界上最大的马铃薯生产国,内蒙古乌兰察布市是中国主要的马铃薯生产区之一。2013 年,中国马铃薯种植面积达 577.2 万公顷,总产量达 8 892.5万吨,种植面积及产量分别占世界的29.7%及24.2%、占亚洲的55.5%及 54.2%(联合国粮农组织数据)。同年,乌兰察布市马铃薯的种植面积为 26.7万公顷,产量450 万吨,分别占全国的4.6%与 5.1%。

马铃薯产业在该市农牧业产业结构中占有十分重要的地位。乌兰察布市地处内蒙古自治区中部,生态系统脆弱,地处高寒地区,无霜期短,降雨量少,这些自然条件对农业生产有许多限制,但非常适合马铃薯的生长。20 世纪 90 年代,随着种植业结构的调整,该市立足于本地资源优势,把马铃薯产业列为四大主导产业之一,马铃薯种植面积逐年增加。近几年,该市的马铃薯种植面积较稳定,占全市作物总播种面积的50%左右。

马铃薯产业已成为乌兰察布市农民收入的主要来源之一,在农业增效和农民增收中的地位和作用日益突出。乌兰察布市是一个农牧业大市,农牧业产值在地区生产总值中占有较大的比例。2013 年全市地区生产总值为 933.75 亿元,其中农牧业总产值为 133.4 亿元,而同年马铃薯总产值达到 90.6 亿元,占全市生产总值的9.7%,占全市农牧业总产值的67.9%。

但是,目前该市马铃薯市场仍然存在着产品结构性过剩、产销联系不紧密、信息渠道不畅、市场体系不健全、市场主体发育不成熟等问题,制约了该市马铃薯产业的健康有序发展。

因此,对乌兰察布市马铃薯市场进行系统、实证的研究,全面、详细了解该市马铃薯市场的现状、存在的问题以及问题产生的原因,提出相应的对策建议,对促进该市马铃薯产业的健康发展具有重要的意义,对促进全国其他产区马铃薯产业的发展也有一定的借鉴意义。

1.2　国内外相关研究

1.2.1　国外相关研究

国外对马铃薯市场的研究比较多,但大多数是针对本国,也有部分学者从全球经济的角度进行研究。近年来,世界马铃薯生产向发展中国家转移的现象引起业内人士的重视,部分学者开始研究发展中国家的马铃薯市场,作为世界上第一大马铃薯生产、消费国家的中国也开始受到关注。

(1)马铃薯生产向发展中国家转移的现象

马铃薯原产于南美洲,后来才逐步传播到其他国家。欧洲曾经是世界上最大的马铃薯产区,但是20世纪70年代以后,世界马铃薯生产格局发生了改变:欧洲的生产份额在持续下降,而亚洲的生产份额在不断上升。

从T. Walker等人于20世纪90年代中期绘制的马铃薯种植分布图中可以直观地看出20世纪末世界马铃薯的种植情况:尽管各大洲都有集中种植马铃薯的地区,但集中化程度最高的国家和地区是欧洲、中国和印度。

马铃薯的种植情况一直在改变,G. Scott等人的研究显示,马铃薯生产正在向发展中国家转移,并且主要是向亚洲的发展中国家转移,而印度和中国以每年巨大的产量增长支持着该转移。G. Scott等人预测:1993年至2020年间,全球的马铃薯产量将以每年1%的增长率增长,其中发展中国家的产量每年增长2%,发达国家每年增长0.3%。

随后J. F. Guenthner对世界马铃薯产业的状况进行了详细分析,包括马铃薯的生产供给、消费需求、价格、加工、贸易等领域。在对世界马铃薯的生产走势进行分析时,他指出:20 世纪最后 25 年中,全球的马铃薯种植由西向东转移;欧洲的份额在下降,亚洲的份额在上升;发达国家的份额在下降,发展中国家的份额在上升;中国已经成为全球最大的马铃薯生产、消费国家。

(2) 对中国马铃薯市场的关注

有学者研究了美国冷冻油炸马铃薯对中国出口的计量经济模式,认为品质不稳定、缺乏适合中国农业的加工型品种是中国大量进口冷冻油炸马铃薯的原因。作为世界上最大的马铃薯生产国,中国也将大量生产符合加工要求的原料马铃薯参与竞争。

G. Scott 等人对我国马铃薯的生产、消费变化趋势进行了分析,研究显示:中国的马铃薯种植面积将以每年 0.2% 的增长率增长,总产量将以每年 1.5 % 的增长率增长,中国的马铃薯消费总量也将与产量呈相同的变化趋势。

J. F. Guenthner 的研究指出:由于中国大陆对冷冻油炸马铃薯的消费尚处在导入阶段,因此中国对冷冻油炸马铃薯的进口可能会有一个持续时间较长的大幅度增长阶段。

(3) 值得借鉴的研究方法

国外学者在对马铃薯市场进行研究时采用的研究方法对我们有一定的借鉴意义。

①对需求弹性的研究

影响马铃薯需求量的因素很多,但是马铃薯的价格无疑是一个非常重要的因素。在对马铃薯市场的研究中,需求弹性是一个经常提到的经济学概念。需求弹性就是把价格与需求之间的关系加以量化。各国的学者都对马铃薯及其产品的需求弹性非常感兴趣,进行了大量的研究,力求测算出比较可靠的弹性系数。

L. Hinton 研究了英国的马铃薯及其加工产品的需求弹性,认为鲜马铃薯的需求弹性为 -0.14,加工类马铃薯的需求弹性为 -0.55。

D. Horton 对不同国家的马铃薯需求弹性进行了研究。他指出:马铃薯需求弹性在贫穷国家比富裕国家更大。食品上的支出在收入中所占比例很大的人对价格变化更敏感,比如发达国家的高收入消费者在购买他们喜欢的马铃薯时,可能并不在意价格,但是发展中国家的低收入者对价格会非常在意。

②对种植面积、产量的预测

对马铃薯的种植面积进行预测是一项十分具有挑战性的工作。因为影响农民种植马铃薯的因素非常多,有些还难以量化。对马铃薯的产量进行预测就更加困难,其中涉及对千变万化的气候因素进行衡量。尽管如此,研究者们仍致力于找到一种比较科学的预测方法。

J. F. Guenthner 针对美国 17 个不同的马铃薯产区建立起了一套预测马铃薯种植面积的模型。他发现:上一年度马铃薯的种植面积、上一年度马铃薯的价格、马铃薯价格每月的波动范围、替代作物的价格这几个变量至少在一个地区具有极为重要的统计学意义。这种模型虽然简单,但对某些马铃薯产区来说还是非常准确的。

D. Makerron 把欧洲的 11 个国家的产区按相似性分为 64 个产区,并对每个产区马铃薯产量的预测方法进行了研究。

③对马铃薯价格的预测

马铃薯的价格随季节、供求关系、地域的不同而不同,对价格进行预测时要考虑的因素也很多。

M. Nuesca 建立了一个预测爱达荷州每月马铃薯价格的计量经济模式。列入方程的变量有:爱达荷州马铃薯产量、美国春季马铃薯产量、美国冷冻马铃薯库存、美国冬季马铃薯产量、爱达荷州 10 月的马铃薯价格、爱达荷州的马铃薯库存、美国马铃薯库存、爱达荷州的收获进展、爱达荷州的作物品质。

1.2.2　国内相关研究

国内学者从经济学角度对马铃薯产业的研究开始得比较晚。长期以来,马铃薯在我国只是作为一种替代作物而存在,20 世纪 90 年代后期产业结构调整以后,马铃薯产业才蓬勃发展起来,所以国内对马铃薯产业的关注始终不够,研究也主要集中在技术领域,从经济学角度对马铃薯产业进行的研究比较少。

(1)对中国马铃薯产业现状及发展趋势的研究

屈冬玉等人指出:中国已成为世界第一大马铃薯生产国,在未来的几年中,我国的马铃薯种植面积还将有一定的增加,总产量也将进一步增加。

陈萌山对我国马铃薯产业的发展现状进了描述,分析了中国马铃薯产业的发展趋势,指出中国马铃薯产业具有种植面积大、生产量大、产品市场大、发展潜力大等特点,中国马铃薯产业不仅拥有国内的市场,而且拥有广阔的国际市场。

随着我国经济的发展及食物结构的调整,马铃薯产业在我国迎来了巨大的发展空间,积极发展的马铃薯产业正成为中国种植业结构调整、农民收入增加的战略选择之一。我们对"把小马铃薯做成大产业"充满信心,马铃薯定将为我们提供更加丰富可口的食品,为工业提供更多、更优质的加工原料。

马铃薯脱毒种薯生产是马铃薯产业链中十分重要的一个环节。李文刚对我国脱毒种薯的重要性、全国种薯市场的容量以及国际市场种薯的需求进行了分析。云庭对我国马铃薯脱毒种薯的生产现状、市场需求进行了分析,指出:马铃薯脱毒种薯生产与质量控制是我国马铃薯产业发展的重要基础和保障。目前,全国马铃薯种薯的生产体系及质量控制体系正在逐步建立,但还很不完善,需要进一步健全。

西部地区是我国马铃薯最主要的产地。李泉就西部地区发展马铃薯产业的特殊性进行了研究,对西部地区发展马铃薯产业的背景、现状及优势进行了分析,指出制约西部地区马铃薯产业进一步发展的因素有思想观念滞后、深加工滞后、品种扩繁滞后、产品包装宣传滞后、规模规范种植难等,并提出了相应的发展建议。

马铃薯加工是马铃薯产业增值的一个十分重要的环节。陈芳等指出:在国外,很大一部分马铃薯经过加工才进入市场,而我国马铃薯加工所占的比例却很低。我国是世界上第一大马铃薯生产国,马铃薯加工业却严重滞后,每年都需要进口大量的马铃薯加工产品。陈光辉、谢开云、葛毅强、赵萍、李惠、刘文秀等多位研究者分别就我国马铃薯加工业的一个或几个方面进行了研究,描述了我国马铃薯加工业的现状,指出了我国马铃薯加工中存在的问题,并提出了相应的建议。

中国已经加入WTO,国内的市场将进一步开放,马铃薯产业也面临着国际竞争。赵明等研究了加入WTO后我国马铃薯淀粉产业的优势,指出:加入WTO,我国农业相对而言受到比较大的冲击,而以马铃薯淀粉为主的马铃薯产业却是受冲击最小而受益最大的产业之一。康志河等对加入WTO给我国马铃薯产业带来的正、负面影响进行了分析,指出:加入WTO后,随着我国农业结构战略性调整步伐日益加快,市场更加国际化,食品业、畜牧业、工业原料对马铃薯的需求将会不断增加,我国正在崛起的马铃薯产业将会遇到更大的发展机遇和挑战。李勤志等以世界马铃薯生产、贸易的历史及现状为背景,论述了我国马铃薯生产和国际贸易的现状,着重分析了我国马铃薯生产的比较优势,比较了各国马铃薯的出口竞争力,同时指出:我国马铃薯生产的潜在优势大于现有优势,我国马铃薯在国际贸易中有一定的价格优势,但出口的价格优势在逐渐减小。

(2)对乌兰察布市马铃薯产业的研究

特殊的自然条件使马铃薯成为内蒙古乌兰察布市的一大优势作物。王瑞英、王椿对乌兰察布市马铃薯生产的自然条件、马铃薯种植面积及产量发展趋势、马铃薯产值在农业经济中的地位、马铃薯的投入产出及科技投入状况进行了分析。秦尚云等论述了马铃薯的区域生态适应性,对比了在旱作条件下马铃薯与其他作物的经济效益,指出马铃薯是内蒙古阴山北麓丘陵区优势作物,提出了马铃薯在区域种植业结构调整中的地位和作用,以及进一步发展壮大马铃薯产业的措施。赵国琦等对乌兰察布市马铃薯生产的历史进行了回顾。

与我国其他马铃薯产区相同,乌兰察布市的马铃薯加工业也不发达。田艳丽对该市马铃薯的生产加工现状及存在的问题做了分析,指出目前存在的问题有:马铃薯单产水平低;品种老化,存在结构性过剩的问题;淀粉加工企业规模小,生产技术落后,马铃薯加工层次低;产品结构性矛盾突出;产业化程度低。

与全国其他产区相比,乌兰察布市在马铃薯产业的发展中具有一系列的优势。王贵平从种植面积及产量、差距和潜力、产品质量、结构调整以及入世后面临的挑战这几个方面分析了内蒙古马铃薯产业的前景,指出:马铃薯是内蒙古的优势作物,马铃薯产业是内蒙古的优势产业,发展马铃薯产业大有可为,前景广阔。杨海鹰等指出,内蒙古发展马铃薯产业具有的优势有:自然条件优势、技术优势、品质优势。此外,薛蒙生等指出:乌兰察布市具备了马铃薯产业发展壮大的极好条件,市场效益前景可观;加快产业化进程,促进相关产业互动发展,进一步强化产品营销手段,是目前急需做好的工作;实现商品种薯、优质加工鲜薯、薯类深加工产品的多渠道增质增效,构建北方马铃薯专业大市场,快速推进地方农牧业产业化、工业化进程,促进经济增长,是今后努力的方向。

1.2.3 小结

综上所述,国外学者们对马铃薯市场的研究大多数是针对本国,虽然发展中国家(特别是中国)的马铃薯市场在国际上越来越被重视,但专门针对中国马铃薯市场进行的研究很少。国外学者相关的研究思路、研究方法对我国的马铃薯市场研究有一定的借鉴意义。

国内对马铃薯产业的研究不多,已有的研究成果主要集中在马铃薯的生产利用方面,对马铃薯市场的系统研究不多。国内现有的研究主要是对一些表面现象的分析,对内在规律性的探索比较少,所采用的研究方法主要是描述性、定性分析,定量分析很少。

1.3 研究目标及研究方法

1.3.1 研究目标

本书在对我国马铃薯生产、消费状况进行分析的基础上,从生产、消费、流通与价格四个方面对乌兰察布市马铃薯市场进行分析,说明其存在的问题及内在的规律性,对进一步稳定和发展该市的马铃薯市场提出相应的建议。

1.3.2 研究方法

本书采用了以下研究方法:

(1)比较分析法

将我国马铃薯产品的生产、消费状况与其他国家进行比较,明确我国马铃薯产业的状况及发展趋势;将乌兰察布市马铃薯的生产、消费与我国总体状况进行比较,明确乌兰察布市马铃薯在我国马铃薯市场中的地位及其发展趋势。

(2)实证分析法

对乌兰察布市马铃薯市场的现状、该市马铃薯市场在我国马铃薯市场中所处的位置、该市马铃薯市场的发展规律进行客观的描述、分析及解释。

（3）定性、定量分析法

对影响乌兰察布市马铃薯生产、消费的因素进行定性分析。在定性分析的基础上，以影响马铃薯总产量的因素为自变量，以该市马铃薯的总产量为因变量，构建该市马铃薯的产量模型，判断该市马铃薯总产量的发展趋势。

1.4　相关说明

1.4.1　研究对象说明

本书用产量、消费量代替供给量及需求量进行研究。按照微观经济学的定义：供给是指在一定时期内，在各种可能的价格条件下，生产者愿意且能够提供给市场的某种产品的数量；需求是指在一定时期内，在各种可能的价格条件下，消费者愿意且能够购买的某种产品的数量。马铃薯生产中存在着相当一部分的自产自销的情况，从严格的经济学意义上讲，这部分马铃薯不进入市场形成供给。为了完整地研究马铃薯的生产情况，本书用马铃薯的产量代替马铃薯的供给量进行分析；同样，为了与马铃薯的生产相对应，完整地研究马铃薯的消费情况，本书将农户自己留用及损耗的马铃薯也计入消费部分，用马铃薯的消费量代替需求量进行研究。

1.4.2　数据说明

本书所用数据主要有四个来源：一是《中国农业年鉴》。其中全国性的数据除做特殊说明的以外，不包括港澳台地区。二是联合国粮农组织数据库。三是乌兰察布市有关部门。四是直接调查，包括对乌兰察布市北方马铃薯批发市场、察哈尔右翼中旗和四子王旗各大规模经营主体的调查以及对该市农村、城镇（集宁区、察哈尔右翼中旗）消费者的调查。

第二章

中国马铃薯生产现状分析

随着市场经济的发展,乌兰察布市马铃薯市场与全国马铃薯市场的联系将更加紧密,我国马铃薯市场的发展变化将对该市市场产生重要的影响。因此,对我国马铃薯生产、消费的现状及发展趋势进行分析,有助于研究乌兰察布市马铃薯市场。

2.1　中国马铃薯的生产

2.1.1　中国马铃薯产量的变化

(1)2003 年之前的快速发展阶段

马铃薯的种植面积、单产水平都会对马铃薯的总产量产生影响。20 世纪 90 年代以前,马铃薯在我国种植业结构中处于从属地位,播种面积小而且增长缓慢;之后,随着种植业结构的调整,北方一季作区马铃薯的种植面积大幅度增加,我国马铃薯总种植面积进入快速增长阶段,可见图 2 - 1。2000 年,全国马铃薯总种植面积为 472 万公顷,比 1990 年增长了 64%(1990 年为 287 万公顷),年均增长率达到 6.4%。

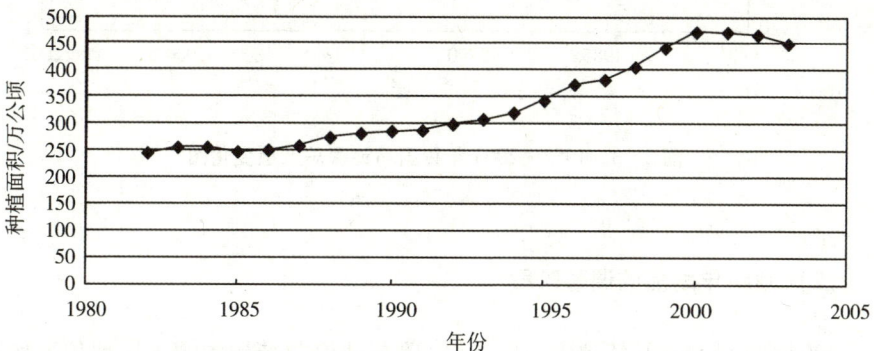

图 2 - 1　1982—2003 年我国马铃薯种植面积变化图

由于马铃薯新品种的引育以及新技术引进、示范、推广工作的滞后,我国马铃薯单产水平较低。1982—2003 年,全国马铃薯单产水平有所提高(图 2 - 2),但是仍然低于世界平均水平,与发达国家的差距更大。

总的来说,1982 年以来,随着我国马铃薯播种面积的增加以及单产水平的提高,我国马铃薯的总产量呈上升趋势(图 2 - 3)。

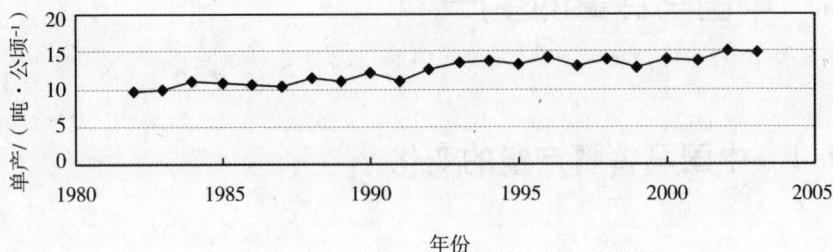

图 2 - 2 1982—2003 年我国马铃薯单产水平变化图

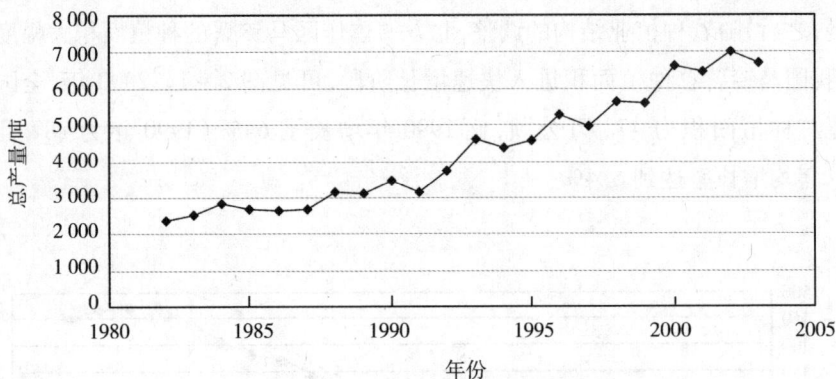

图 2 - 3 1982—2003 年我国马铃薯总产量变化图

(2) 2004 年之后的调整阶段

2004 年以后,在马铃薯主产区,马铃薯在种植业结构中的主导地位已经确立,我国的马铃薯生产进入调整阶段,种植面积增长速度趋缓,单产水平稳步增长,但由于自然灾害原因,部分年份单产水平下降明显,导致总产量出现波动,可见图 2 - 4。2013 年,全国总种植面积为 577.2 万公顷,总产量达 8 892.5 万吨,平均单产为 15.4 吨/公顷左右。

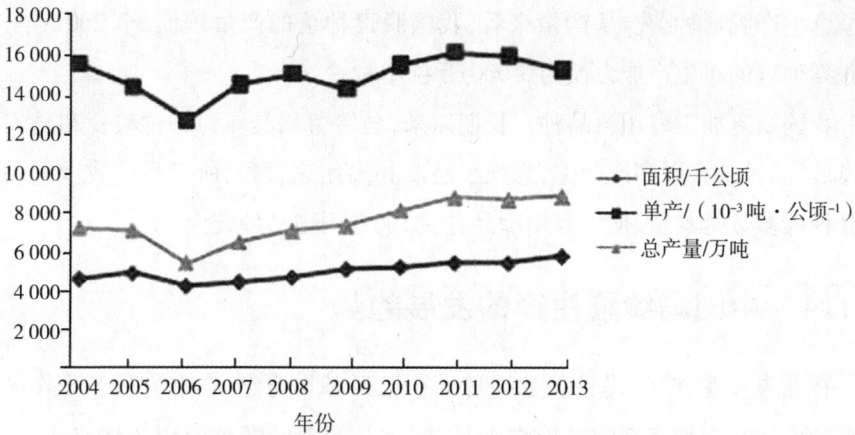

图 2 - 4 2004—2013 年以来我国马铃薯生产变化图

2.1.2 中国马铃薯产区分布及特点

马铃薯是一种分布极广的作物,我国大部分省、市、自治区都有马铃薯的生产。按照自然条件和马铃薯的栽培特点,可将我国马铃薯的产区划分为四个,分别是北方一季作区、中原两季作区、南方秋冬季作区、西南单双季混作区。

特殊的自然环境及马铃薯的生长习性造成了马铃薯在该区域的生态适应性,北方一季作区的农户一直保持着种植马铃薯的传统。农业产业结构调整之后,北方一季作区的马铃薯种植面积逐年增加,达到全国的 50% 左右,北方一季作区成为我国最大、最主要的马铃薯产区。

2.1.3 中国马铃薯的生产结构分析

马铃薯的生产可分为新鲜食用薯(菜用薯)的生产、脱毒种薯的生产以及加工专用薯的生产。

新鲜食用薯的生产一直是我国马铃薯生产结构中最主要的一部分。新鲜食用薯在我国有着悠久的栽培历史,全国范围内,马铃薯的播种期、收获期不同,一年四季都有新鲜的马铃薯上市。我国生产的马铃薯除了满足国内消费需求以外,还有部分产品远销国外,出口创汇。

脱毒种薯的生产对环境及生产技术的要求比较严格,在我国的四个主要马铃薯产区中,只有北方一季作区的部分地区因气候凉爽干燥、病毒传播媒介少而适合生产脱毒种薯。从产量来看,我国脱毒种薯的产量较低,至 2001 年,全国脱毒种薯的年生产能力仅为 3 000 万粒左右。

我国缺乏加工专用薯品种。长期以来,马铃薯只是作为一种粮食和救灾作物发展,品种选育以高产为主,忽视了品质和多用途育种,所以目前我国的马铃薯品种大多数是鲜食、加工兼用型品种,加工专用型品种较少。

2.1.4 中国马铃薯生产的发展趋势

在北方一季作区,马铃薯的播种面积已经基本稳定;在南方秋冬季作区马铃薯的生产还有相当大的发展空间,该区域马铃薯的播种面积还将有所增加。随着科学的进步,我国马铃薯的单产水平将进一步提高,马铃薯总产量的增加会由现在的依靠种植面积增加逐步过渡到依靠单产水平的提高上来。

2.2 中国马铃薯的消费

2.2.1 中国马铃薯消费总量的变化

随着经济的发展以及人民收入水平的提高,我国马铃薯消费量逐年增加。1990 年,全国马铃薯消费总量为 3 455 万吨,2013 年达到 8 680 万吨。23 年间,我国马铃薯消费总量增加了 151%,年均增长率达到 6.6%。

2.2.2 中国马铃薯消费结构分析

对马铃薯的消费可以分为食用消费、加工业消费、种用消费、饲用消费、损耗及出口六个部分。

食用消费是我国马铃薯消费结构中最主要的部分。我国是世界上马铃薯食用消费总量最大的国家,但人均消费量较小。目前,全国马铃薯食用消费量占马铃薯消费总量的 47% 左右,人均消费量仅为每年 14.5 kg,而英国为每年

103 kg，美国为每年 52 kg，欧洲平均为每年 48 kg。

目前，我国马铃薯加工业滞后，加工业消费量小。马铃薯的加工产品主要有淀粉、粉条、粉丝、精淀粉、薯片、薯条等。我国有着悠久的马铃薯加工历史，北方广大农村一直有着加工马铃薯淀粉的传统，但长期以来，传统的农户加工设备简陋，工艺落后，加工产品为粗淀粉、粉条、粉丝等初级产品。相关统计数据（数据主要来源于《中国农业年鉴》，经笔者整理而来）表明我国每年约有22% 的马铃薯用于加工，但用于精深加工（精淀粉、薯片、薯条、全粉）的马铃薯只占总产量5% 左右。20 世纪 90 年代以后，我国引入大量马铃薯生产加工机械及设备，马铃薯加工技术水平得到了提高，开始生产精淀粉、变性淀粉、薯条、薯片等产品，但总体精深加工能力有限。由于冷冻（冷藏）马铃薯主要是在快餐店里消费，而我国快餐业起步较晚，因此国内冷冻（冷藏）马铃薯加工业起步晚，加工能力有限；同时，我国加工型马铃薯的生产能力有限，而且质量低下，造成冷冻（冷藏）马铃薯加工业的原料来源无法保证，所以我国冷冻（冷藏）马铃薯的产量很少，主要靠进口来满足国内需求，见图 2–5。

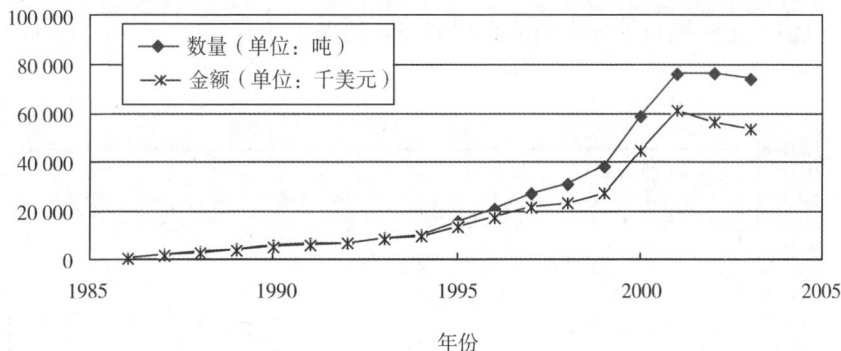

图 2–5 1986—2003 年我国冷冻（冷藏）马铃薯净进口数量、金额变化图

我国种薯消费量大，但脱毒种薯的覆盖率低。假设，我国马铃薯的种植面积在450 万公顷左右，按每公顷用种 1.6 吨计算，我国每年就需要种薯720 万吨左右。但是，高品质脱毒种薯的价格一般较高，很多农民无力购买，到目前为止，我国大部分地区的农户仍然采用自己生产的马铃薯作为种薯。种用马铃薯的品质低下导致我国马铃薯的疾病发作率高，进而影响了我国马铃薯的单产水

平及品质。

我国马铃薯的饲用比例比较高。在我国,作为一种营养价值极高的高产作物,马铃薯一直是种植区农村最主要的饲料来源。1996年之前,我国马铃薯用作饲料的比例一直稳定在30%左右。1996年之后,随着我国马铃薯的商品率提高,饲用马铃薯占马铃薯消费总量的比例逐年下降,2002年降低到13%,而同年世界马铃薯的饲用比例平均为11.5%。

我国马铃薯的损耗率也较高。马铃薯的损耗是指从生产到消费各层次间产生的损失,即在运输和储藏中的损失。马铃薯是一种笨重、易变质的农产品,运输过程中挤压、碰撞,存储过程中温度、湿度不当,都会造成损耗。

我国是新鲜马铃薯净出口国家,但出口数量及金额都比较小(图2-6)。我国每年都有一定量的新鲜马铃薯出口,其中90%以上出口到东南亚、俄罗斯及蒙古等国家和地区;与此同时,我国从国外进口的新鲜马铃薯数量和金额都极少。我国马铃薯出口量小的主要原因有:①我国缺乏有针对性的专用型马铃薯品种,加之马铃薯生产技术落后,导致我国生产的马铃薯在品质上无法满足国外市场上消费者的需求;②我国马铃薯的生产技术及运输、储藏技术落后,同时,我国缺乏严格的马铃薯分选、清洗及包装标准,导致我国生产的马铃薯在外观及包装上无法满足国外市场上高端消费者的需求。

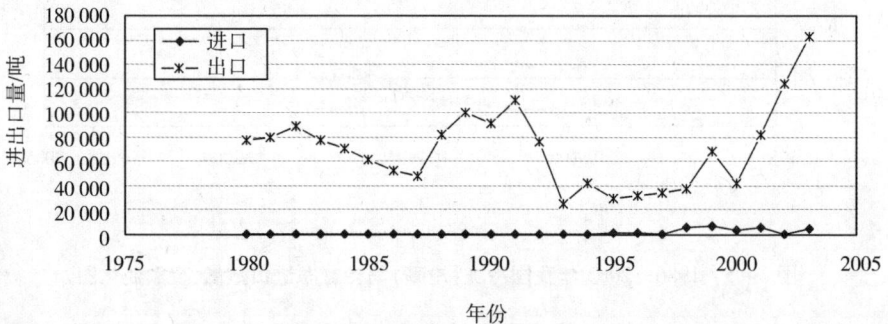

图2-6 1980—2003年我国新鲜马铃薯进出口量变化图

2.2.3 中国马铃薯消费的发展趋势

G. Scott等人对中国的马铃薯价格、相关产品价格、消费者收入、人口增长、家畜饲养、饲料价格、饲料效率等因素对马铃薯消费量的影响做了测算,认为影响马铃薯消费量的主要因素是人口和收入的增长率。该项研究把中国的年人口增长率假定为0.72%,年收入增长率假定为5.6%,马铃薯总消费的收入弹性假定为0.35,进而预测,2020年前,中国的马铃薯消费总量将以每年1.5%的速度增长,而马铃薯的食物消费总量将以每年2.2%的速度增长。

我国马铃薯加工业消费量将进一步增加。据中国淀粉工业协会统计,目前国内马铃薯产量远远不能满足加工业需求。将来,随着马铃薯产业的发展,我国马铃薯淀粉的生产量将进一步增加,对加工专用薯的消费量也将进一步增加;随着国民经济的发展,我国人民对马铃薯加工食品的需求量会进一步增长,我国还需要进口大量冷冻(冷藏)马铃薯产品。但是,随着国内冷冻(冷藏)马铃薯加工业的发展,我国冷冻(冷藏)马铃薯的进口数量及金额都会逐步减少。

脱毒种薯的消费量将进一步增加。随着经济、技术的发展以及马铃薯产业的发展,我国马铃薯脱毒种薯的消费量将进一步增加。如果按两年更换一次薯种、种植面积450万公顷、每公顷用种1.6吨计算,则每年需要360万吨左右的合格种薯,需要20万—30万公顷的合格种薯生产面积。

我国新鲜马铃薯的出口量将进一步增加。新品种引育工作的开展、马铃薯生产技术水平的提高,都将进一步提升我国马铃薯的品质。随着我国马铃薯产业的发展,我国马铃薯的运输、储藏技术水平以及马铃薯分选、清洗、包装水平也会提高,我国出口马铃薯在外观上将会更符合国外消费者的要求。

2.2.4 中国马铃薯消费的发展对乌兰察布市马铃薯产业的影响

乌兰察布市是我国最大的马铃薯产区之一,该市生产的马铃薯,除了满足市内消费外,还销往全国各地。

我国马铃薯消费量及消费结构的变化,对乌兰察布市的马铃薯产业有重要的影响。随着我国马铃薯消费的发展,乌兰察布市加工专用薯、脱毒种薯的外销量将进一步增加。随着我国马铃薯加工业的发展,对加工专用薯的消费量将进一步增加,该市可能会为市外马铃薯加工业提供部分加工原料。与此同时,作为我国少数几个可以生产马铃薯脱毒种薯的地区之一,随着我国马铃薯脱毒种薯消费量的增加,该市马铃薯脱毒种薯的外销量也会增加。

2.3　本章小结

　　从产量看,我国马铃薯的总产量位居世界第一位,种植面积大,但单产水平低。随着马铃薯产业的发展,我国马铃薯的种植面积将略有增加,单产水平将进一步提高,马铃薯总产量的增加会由现在的依靠种植面积增加逐步过渡到依靠单产水平的提高上来。

　　从消费量看,我国马铃薯消费总量大,但人均消费量远远低于发达国家水平,还有很大的发展空间。从消费结构上看,马铃薯的食用消费比例、加工业消费比例、脱毒种薯覆盖率都将增加,但饲用比例及损耗将会下降。

第三章

乌兰察布市马铃薯生产现状分析

3.1　乌兰察布市在中国马铃薯产区中的地位

3.1.1　得天独厚的自然条件

我国有四大马铃薯产地:内蒙古乌兰察布、甘肃定西、山东滕州、黑龙江鹤岗。其中,乌兰察布市是最大产区。乌兰察布市地处内蒙古自治区中部,属于北方一季作区。该市气候属于半干旱性质的中温带大陆性气候,不适合大多数作物生长,但非常适合马铃薯的生长:冬季寒冷漫长,多刮大风,土壤病虫害少。夏季温凉短促,降雨偏少,气候干燥。全年日照充足,雨热同季,年平均气温2.5—6 ℃,≥10 ℃的有效积温在1 631—2 800 ℃之间,昼夜温差大,有利于马铃薯块茎干物质的积累,无霜期95—145天,年降水量300—450 mm,其中6、7、8这3个月的降水量占全年降水量的70%左右,符合马铃薯的生长需求。在该地区,马铃薯一般是4月底5月初播种,9月底至10月上旬收获,品种以中晚熟品种为主。

3.1.2　"中国薯都"的确立

马铃薯是乌兰察布市的主要农作物之一,种植历史悠久,其生长发育规律与当地的自然气候特点吻合,具有明显的资源优势和巨大的发展潜力。顺应自然规律和经济规律,该市把马铃薯确定为四大主导产业之一,马铃薯产业化格局已基本形成。农业产业结构调整以后,马铃薯种植面积大幅度增加。主要品种有脱毒紫花白、克新1号、大西洋、夏波蒂、费乌瑞它、底西芮、早大白、内薯7号等。从区域布局上看,马铃薯主产区在四子王旗、察哈尔右翼中旗、察哈尔右翼后旗、商都县、化德县、卓资县、兴和县,这几个产区的播种面积占全市马铃薯播种面积的65%。

乌兰察布市的马铃薯生产技术在全国处于领先地位。市农科院在国内率先开展了马铃薯茎尖脱毒等技术研究,建立了比较完善的脱毒种薯生产繁育体系,并利用生物技术手段形成了茎尖脱毒、组培快繁、控制光照、大量繁殖微型薯的工厂化繁育技术体系。市内储备了大量的优良品种,现存原始材料2 100

多份,育成品种有蒙薯 10 号、蒙薯 11 号等。同时,该市在马铃薯遗传育种、专用品种选育、病虫害防治和马铃薯模式化栽培等技术研究方面取得了较大的进展,一些研究项目在国内、国际均处于领先的地位,拥有一流的专业人才和技术成果。

2008 年,原农业部认证了"乌兰察布马铃薯"地理标志;2009 年 3 月,中国食品工业协会正式命名乌兰察布市为"中国马铃薯之都";2011 年 12 月,注册了"乌兰察布马铃薯"地理标志证明商标,"中国薯都"的地位不断得到巩固。

3.2　总产量变动情况分析

同前所述,本书用马铃薯的总产量代替总供给量进行分析。

3.2.1　总产量变动分析

(1)种植面积变动情况分析

1980—2012 年间,乌兰察布市马铃薯的种植面积大致经历了 3 个发展阶段:1995 年之前的稳定阶段,1995—2000 年间的快速增长阶段,2000 年以后的调整阶段。可见图 3 – 1。

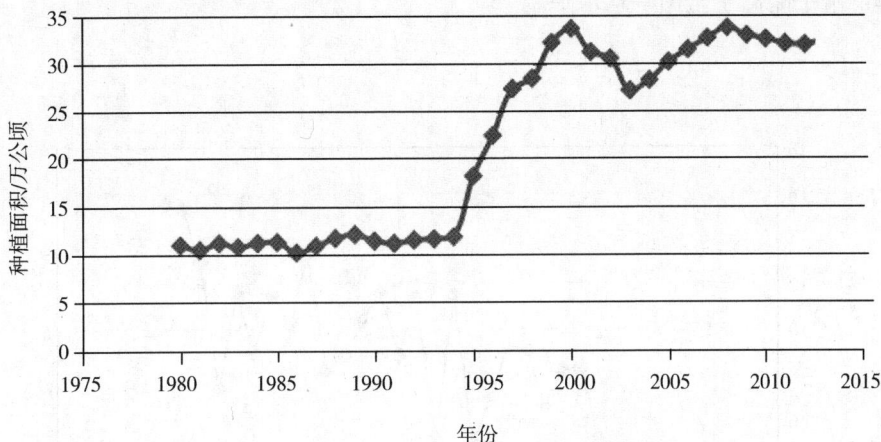

图3-1 1980—2012年乌兰察布市马铃薯种植面积变化图

1995年以前,农业结构还没有进行调整,农民还保持着传统的种植习惯。小麦、莜麦以及荞麦的种植面积占作物总播种面积80%以上,马铃薯在种植结构体系中处于从属地位,种植面积一直稳定在10万—12万公顷,产品以农民自己留用和供应当地城镇居民食用为主。

1995年开始,遵循因地制宜、扬长避短的原则,该市进行了农业结构调整,市委、市政府顺应自然规律和经济规律,把马铃薯确定为全市四大主导产业之一,马铃薯产业得到快速发展。马铃薯成为该市最重要的农作物之一,播种面积由1994年的11.86万公顷上升到2000年的33.59万公顷,占作物总播种面积46%左右。

2000年以后,乌兰察布市的马铃薯生产进入调整阶段。非适宜区的马铃薯种植面积大幅度减小,而优势产区的种植面积稳定发展。随着马铃薯产销总体形势好转,马铃薯生产由数量型向质量效益型转变,种植面积趋于稳定。

(2)马铃薯单产、总产量变动情况分析

尽管乌兰察布市是我国最大的马铃薯产区之一,但该市的马铃薯单产水平一直较低(图3-2),仅略高于全国平均水平。该市90%以上都是雨养农业,该市十年九旱,自然条件恶劣,受自然条件的影响,马铃薯的单产水平低且波动幅度较大。总的来说,1980—2004年,由于受自然灾害及技术进步等影响,乌兰察布市的马铃薯单产水平呈现出波动中上升的趋势。2013年,全市马铃薯的平均单产水平略高于全国平均水平。

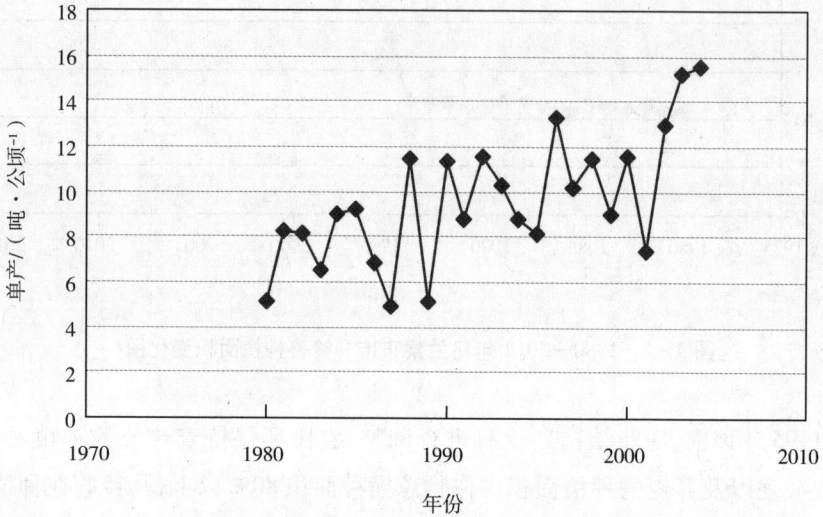

图 3 - 2　1980—2004 年乌兰察布市马铃薯单产水平变化图

1995 年之前,由于受传统的种植结构影响,该市马铃薯的总产量增长缓慢;1995—2000 年间,随着马铃薯产业主导地位的确立,生产基地的建设取得了极大的成效,马铃薯总产量快速增加;2000 年以后,由于新鲜食用薯消费增长的速度低于产量增长的速度,该市马铃薯产量出现了结构性过剩的现象,在激烈的竞争中,竞争力弱的地区及农户减少生产,马铃薯总产量的增长速度急剧放缓,发展比较稳定。

3.2.2　影响产量的主要因素分析

马铃薯的产量受多种因素的影响,其中主要的因素有:马铃薯的价格、替代农产品的价格、作物总播种面积、投入物价格、政府政策、生产技术水平、气候及病虫害等。

(1)马铃薯的价格

上一年马铃薯的价格会对下一年马铃薯的种植面积产生影响(图 3 - 3)。

当马铃薯的价格比较高的时候,即使农户明知下一年的农产品价格会不同于上一年,也会受高价的刺激,增加下一年马铃薯的种植面积。1980—1994 年间,乌兰察布市的马铃薯价格基本稳定,该市马铃薯的种植面积也基本稳定;1995—2000 年间,该市的马铃薯的价格有所上升,在价格及其他因素的共同作用下,马铃薯的种植面积大幅度增加;2000 年之后,年际间马铃薯价格波动趋于平稳,在价格及其他因素的共同作用下,该市马铃薯的种植面积呈负增长。

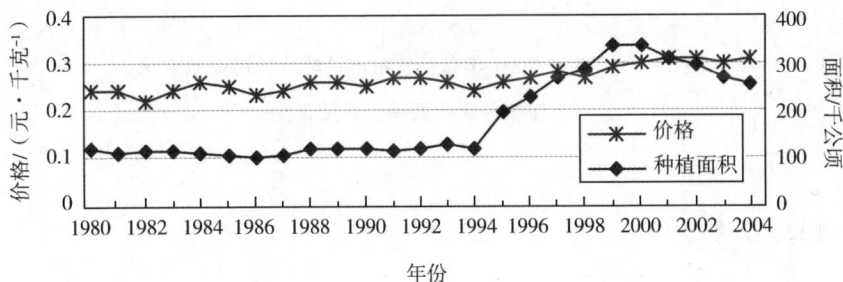

图 3 - 3 1980—2004 年乌兰察布市马铃薯种植面积变化与价格变化关系图

(2)替代农产品的价格

替代农产品是指农户可以选择生产的其他农产品,在乌兰察布市,马铃薯的替代农产品为小麦。上一年小麦的价格会影响下一年该市马铃薯的种植面积,进而影响马铃薯的产量。在其他条件不变的情况下,当上一年小麦的价格比较高的时候,农户就会增加下一年小麦的种植面积,减小马铃薯的种植面积;相反,上一年小麦的价格越低,在其他条件不变的情况下,下一年该市马铃薯的种植面积就会越大。

(3)作物总播种面积

在其他条件不变的情况下,马铃薯的种植面积随作物总播种面积的减小而减小(图 3 - 4)。1980—1994 年间,乌兰察布市作物总播种面积基本稳定,同时,该市马铃薯种植面积也基本稳定;而 2000 年后,随着该市作物总播种面积减小,全市马铃薯的种植面积也明显减小。

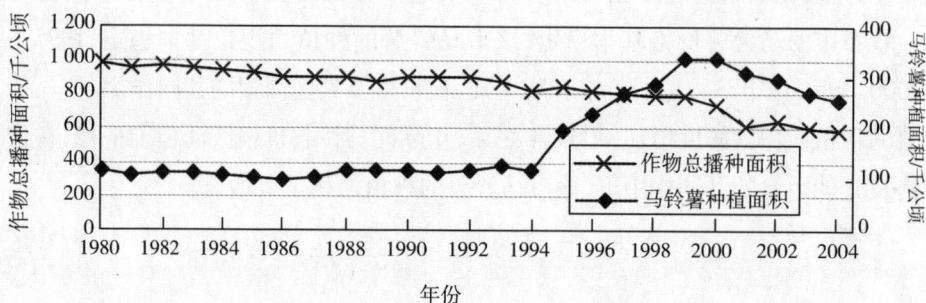

图3-4　1980—2004年乌兰察布市马铃薯种植面积变化
与作物总播种面积变化关系图

(4) 投入物价格

马铃薯亩均投入会随着投入物价格的上升而减少,进而会导致单产水平的下降。马铃薯生产过程中的物质与服务费用投入主要包括:种薯投入、化肥投入及其他投入,其中种薯投入所占比例最大。该市农调队2004年的定点调查数据显示,该市家庭经营、普通基地及标准化基地中,种薯投入占物质与服务费用投入的比例分别为66.5%、60.4%、53.2%(表3-1)。因此,本书用种薯价格来衡量马铃薯生产过程中物质投入的价格。

表3-1　乌兰察布市马铃薯亩均物质与服务费用投入分布

	家庭经营	普通基地	标准化基地
化肥投入	17.89%	20.59%	20.72%
种薯投入	66.50%	60.38%	53.17%
其他投入	15.61%	19.03%	26.11%

随着劳动力价格的上升,马铃薯生产中的劳动力投入会下降,进而导致马铃薯单产水平的下降。乌兰察布市的马铃薯生产中所用的劳动力以家庭劳动力为主,该市农调队2004年的定点调查数据显示,家庭用工占总用工的90%以

上(表3-2),所以劳动力价格的变化对马铃薯产量的影响很小。

表3-2 乌兰察布市马铃薯亩均劳动力投入比例分布

	家庭经营	普通基地	标准化基地
家庭用工费用	100.00%	90.40%	90.01%
雇工费用	0.00%	9.60%	9.99%

(5) 政府政策

政府的相关政策会影响马铃薯的种植面积。1995年以来,乌兰察布市出台了一系列政策,对马铃薯产业的发展起到了极大的推动作用。在政府相关支持政策以及其他因素的共同影响下,该市马铃薯的种植面积逐年增加。

到目前为止,该市出台的支持马铃薯产业发展的有关政策主要有:

① 政府的直接补贴政策

1995年以来,各级政府从扶贫资金、以工代赈资金、农业综合开发资金中拿出一定比例支持马铃薯良种繁育、基地建设及流通体系建设。比如从1996年到2005年,市政府就先后出台了〔1996〕29号、〔1997〕31号、〔1998〕33号、〔1999〕30号、〔2000〕35号、〔2001〕48号、〔2002〕76号、〔2003〕36号、〔2004〕34号、〔2005〕54号等文件,对马铃薯脱毒种薯的生产、马铃薯生产基地的建设、马铃薯脱毒良种的使用、马铃薯储窖及马铃薯批发市场的建设给予补贴。

②政府鼓励科技人员服务于企业

在科技服务体系建设上,政府鼓励科技人员服务于企业。科技人员受聘于企业,原单位身份不变、待遇不变、工资不变;科技人员直接为企业服务,企业给科技人员一定的报酬。这一举措不仅发挥了科技人员的技术优势,还使科技人员成为上联市场、下联基地的桥梁和纽带,使科技人员真正有事干,并从服务中获得一定的经济收入。

③其他方面的政策

其他方面的政策主要指马铃薯营销方面的政策。市政府出台的《关于马铃薯集中上市期间相关工作的有关规定》中指出:工商、税务、公安、运输等部门应该立足本职,积极开展各种形式的服务,对马铃薯运输车辆和购销客商一律绿灯放行、不设卡、不拦截,严厉打击扰乱市场、影响马铃薯产业化开发的不合理收费和罚款等违纪行为,对合理的收费项目能免则免,能减则减,有力地推动马铃薯营销工作的顺利进行。

(6)生产技术水平

经过多年的实践与推广,乌兰察布市的马铃薯生产技术水平有了很大的提高,具体表现为马铃薯单产水平的提高。目前普遍采用的新技术有:①脱毒良种。马铃薯是无性繁殖的茄科作物,在生产中存在着严重的退化现象,这影响了马铃薯的单产水平。随着脱毒种薯技术的发展,良种的广泛应用提高了马铃薯的单产水平,进而增加了总产量。②科学的栽培技术。播种前晒种、用草木灰浸种、适当切大母块或者用小整薯播种、花期摘除花蕾、喷施矮壮素等科学的栽培技术的广泛应用显著提高了马铃薯的单产水平。③科学的水肥管理技术。在对土壤养分进行分析的基础上合理使用化肥和农家肥,将会提高肥料的使用效率,进而提高马铃薯的单产水平。指针式喷灌、滴灌等节水灌溉技术的应用,使该市马铃薯产区干旱导致的大面积减产问题有所缓解。

本书用时间变量来表示技术进步。

(7)气候及病虫害

异常的气候会给马铃薯的产量带来极大的影响。该市自然条件恶劣,马铃薯的种植者经常面临着生产风险。本书用作物受灾率来衡量气候因素的影响。

马铃薯的单产水平与作物受灾率呈反方向变动关系(图3-5)。1987年、1989年、1995年、2001年,大面积旱灾的发生造成了全市马铃薯单产水平大幅度下降。2000年该市的马铃薯平均单产为11.6吨/公顷,总产量为390万吨;2001年,由于严重旱灾的发生,该市的马铃薯生产受到了极大的影响,单产下降到7.4吨/公顷,致使同年该市马铃薯产量大幅度下降(230万吨);2002年,该市马铃薯的平均单产(12.9吨/公顷)、总产量(384万吨)均大幅度回升。

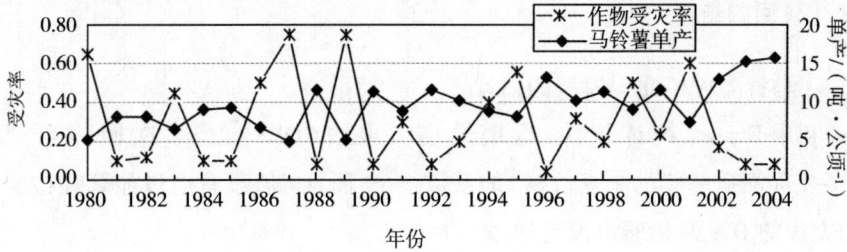

图 3 - 5　乌兰察布市马铃薯单产水平变化与作物受灾率变化关系图

3.2.3　产量模型

为了尽可能地掌握乌兰察布市马铃薯生产的发展动因及未来的发展趋势,根据上述分析结果,本书采用 1980—2004 年的年度数据,以各影响因素为自变量,以乌兰察布市马铃薯产量为因变量,构建了该市马铃薯的产量模型。

(1)模型

$$TY = Y \times GA$$

$$GA = c + a_1 CA + a_2 V + a_3 P(-1) + a_4 P_i(-1)$$

$$\lg(Y) = c + b_1 \lg(CLIM) + b_2 \lg(t) + b_3 \lg(P_s)$$

式中:TY:马铃薯总产量

　　　Y:马铃薯单产

　　　GA:马铃薯播种面积

　　　CA:农作物总播种面积

　　　P_s:脱毒种薯价格

　　　V:虚拟变量(1980—1995 年取值为 0,1996—2004 年取值为 1)

　　　$P(-1)$:滞后一年的马铃薯价格(去除通货膨胀因素影响)

　　　$P_i(-1)$:滞后一年的小麦价格(去除通货膨胀因素影响)

　　　$CLIM$:农作物受灾率

　　　t:时间变量,代表技术进步

(2)回归结果

①马铃薯种植面积模型的估计

利用 Eviews 统计软件，运用最小二乘法（OLS），经多次回归后，发现 $P_i(-1)$（滞后一年的小麦价格）的系数很小，而且 t 值没有通过显著性检验，此外，方程的 D－W 检验也没有通过。

合理的解释是：特殊的自然条件导致该市小麦单产水平极低，所以在其他条件不变的情况下，随着小麦价格的提高，小麦亩均纯收益的增量有限；同时，该市马铃薯的亩均纯收益远高于小麦的亩均纯收益（2004 年，该市马铃薯的亩均纯收益为 297 元，而小麦的亩均纯收益为 105 元），小麦价格的提高并不能使小麦的亩均纯收益超越马铃薯。所以，小麦价格的变化对该市马铃薯种植面积的影响很小。

在剔除了变量 P_i 后，对模型进行了第二次回归，结果如表 3－3 所示。

表 3－3　乌兰察布市马铃薯种植面积模型估计结果（解释变量 GA）

变量	参数	t 值
CA	0.282 618	2.777 237
V	9.330 831	4.456 768
$P(-1)$	66.426 61	4.368 669
$R^2 = 0.848\ 8$	$DW = 1.712\ 9$	
调整后的 $R^2 = 0.841\ 5$	$F = 129.785\ 3$	$N = 24$

从各统计检验值看，方程的拟合程度是比较高的。变量 CA、V 以及 $P(-1)$ 对解释变量 GA 的影响都很显著。

对这一拟合结果的经济学解释是：马铃薯本身的价格（滞后一年）是影响乌兰察布市马铃薯种植面积的非常重要的因素，每千克马铃薯的价格增加 0.01 元，第二年马铃薯的种植面积将会增加 0.664 千公顷；全市作物总播种面积每增加 1 000 公顷，马铃薯种植面积就增加 0.283 千公顷；同时，政府政策对马铃薯种植面积的影响也很显著，1995 年前后，该市的马铃薯种植面积发生了很大的变化。

②马铃薯单产模型估计

利用 Eviews 统计软件,运用最小二乘法,经多次回归后,发现 P_s 的系数很小,而且 t 值没有通过显著性检验。合理的解释是:目前,在该市马铃薯生产中,脱毒种薯还没有普及,多数农户仍然自己留种,所以脱毒种薯价格对马铃薯单产水平影响比较小。

在剔除了变量 P_s 后,对模型进行了回归,结果如表 3-4 所示。

表 3-4 乌兰察布市马铃薯单产模型估计结果[解释变量 lg(T)]

变量	参数	t 值
lg(CLIM)	-0.266 296	-10.359 94
lg(T)	0.205 679	7.688 123
$R^2 = 0.892\ 2$	$DW = 1.732\ 2$	
调整后的 $R^2 = 0.882\ 4$	$F = 101.000\ 7$	$N = 25$

从上述各个检验值看,方程的拟合程度比较好。变量 CLIM 与解释变量之间呈负相关关系,说明在其他条件不变的情况下,作物受灾率每增加 1%,乌兰察布市马铃薯单产将会下降 0.27%;技术进步对马铃薯单产水平的影响非常显著,在其他条件不变的情况下,随着生产技术水平的进步,乌兰察布市马铃薯的单产年均增长率为 2.06%。

3.3 产品结构分析

从产品结构上看,该市马铃薯的生产分为脱毒种薯的生产、新鲜食用薯的生产以及加工专用薯的生产。

3.3.1 具备生产脱毒种薯的自然条件和技术,种薯生产体系基本健全

马铃薯是茄科植物,通常是用块茎进行无性繁殖,所有播种用的马铃薯块

茎统称为种薯,合格的种薯对于马铃薯产业十分重要。以块茎进行无性繁殖的马铃薯在栽培过程中极易受到病害侵染而严重减产,这就是通常所说的马铃薯退化问题。这种退化会通过种薯传到下一代植株,引起更严重的减产和薯块品质下降。为了减少退化造成的损失(即减少种子自带的疾病和保持品种的纯度),在马铃薯生产过程中就必须采用经过脱毒的合格种薯进行播种。

乌兰察布市是我国少数几个适合生产脱毒种薯的地区之一,该市脱毒种薯的生产技术水平在全国处于领先地位。由于脱毒种薯的生产对环境的要求比较严格,在我国四个主要马铃薯产区中,只有北方一季作区的部分地区因气候凉爽干燥、病害传播媒介少而适合生产脱毒种薯,该市正好处于我国的北方一季作区,是我国重要的脱毒种薯产区。

图3-6 乌兰察布市农科院马铃薯脱毒种薯实验室
图片来源:乌兰察布市马铃薯产业化办公室内部资料

该市已经形成了比较完整的马铃薯脱毒种薯生产体系。至2013年,全市有组培室面积700 m²,每年可以供给脱毒瓶苗160万株;有温室面积17亩,脱毒扦插苗的年供给能力为600万株,脱毒微型薯的年供给能力为380万粒左右;全市有网室943亩,原原种的年供给量为1 100吨左右;有原种田0.7万亩,原种的年供给量为0.09万吨左右;全市有一、二级种薯田29万亩,脱毒种薯的年供给量为30万吨左右。

3.3.2 新鲜食用薯的生产所占比例最大

乌兰察布市种植的马铃薯品种大多数是新鲜食用型品种。紫花白及克新24号是该市历史最悠久、种植面积最大的新鲜食用型马铃薯品种。据统计：1995年之前，这两个品种的种植面积占全市马铃薯总种植面积的70%以上；1995年之后，随着马铃薯产业的发展，马铃薯品种引育工作取得了极大的进展，一些专、特用品种开始在该市推广种植，但到目前为止，紫花白及克新24号种植面积仍然占该市马铃薯总种植面积的40%左右。

总的来说，新鲜食用薯是该市马铃薯生产结构中最主要的一部分。2013年，全市马铃薯产量为450万吨，其中新鲜食用薯320万吨以上；全市外销的马铃薯有170万吨左右，95%是新鲜食用薯。

3.3.3 加工专用薯品种少、产量低

长期以来，该市的马铃薯品种选育以产量为主，忽视了品质和多用途育种，造成现有的马铃薯品种大多数是鲜食、加工兼用型品种，缺乏加工专用型品种的状况。而鲜食、加工兼用型薯种的淀粉含量、还原糖含量等成分指标及大小、形状等指标都与加工专用型品种有很大不同，如果用于加工，一方面无法保证加工产品的品质，另一方面也得不到高效的利用。

近几年，随着品种引育工作的进行，一部分加工品种如夏波蒂、费乌瑞它等开始在全市范围内推广种植，但总的来说，适合当地生产的马铃薯专、特用品种仍然很少。2013年，加工专用薯种植面积约为40万亩(2.67万公顷)，产量约为40万吨，其中：全粉、薯条、薯片加工原料薯基地只有3万亩左右，产量约为3万吨；淀粉加工原料薯基地面积占37万亩，产量约为37万吨。

3.4 生产的发展趋势分析

马铃薯产量的发展会受到很多因素的影响，本书利用上述的马铃薯产量模型对未来的产量做出预测。在预测之前，首先对相关变量在预测年度可能达到的水平做出如下判断：

农作物总播种面积 CA:农作物总播种面积可以因退耕还林还草而减少,也可以因垦荒而增加。乌兰察布市处于我国农牧业交错的生态脆弱地带,干旱少雨而且风沙大,很多地区不适宜农作物的生长,因此,依靠垦荒来增加耕地的可能性很小。在乌兰察布市,土地沙化是该市耕地减少的最主要原因。随着退耕还林还草政策的推行,该市大量的不适宜耕作的耕地逐步退耕,可耕地沙化现象得到控制,所以,该市的可耕地面积不会大量减少。2003 年以后,乌兰察布市的作物总播种面积基本保持稳定,因此,本书假定在 2020 年之前,该市的农作物总播种面积保持不变,本书预测中采用 2003 年与 2004 年的平均农作物总播种面积作为 2020 年以前各年的农作物总播种面积。

马铃薯价格 P:马铃薯价格受供求变化、市场结构等因素的影响,会有一定范围的波动;但是总体来看,2000 年之后,乌兰察布市的马铃薯价格趋于平稳。据该市农牧业局的相关专家预测,在未来的几年内,该市的马铃薯价格不会发生太大的变动。因此,本书假定 2020 年以前乌兰察布市的马铃薯价格保持不变,为 2000—2013 年间的平均价格。

虚拟变量 V:政府的相关政策会影响农户的种植决定。乌兰察布市农业结构调整过程中,市委、市政府把马铃薯产业列为四大主导产业之一,特别是 1995 年开始,市政府出台了一系列的相关政策,扶持该市的马铃薯产业发展。据相关专家介绍,今后的几年内,市政府还将进一步扶持马铃薯产业的发展。因此,在本书的预测中,2004 年以后的虚拟变量取值仍为 1。

农作物受灾率 $CLIM$:乌兰察布市以雨养农业为主,农业受自然因素影响很大,其中,干旱是制约该市农业生产的最主要因素。农作物受灾率在年际间变化较大,但总的看来有逐渐减少的趋势。在《乌兰察布市马铃薯产业发展规划》中,市政府将马铃薯生产基地的农田水利建设列为重点项目,因此,从长期看,该市马铃薯的抗灾能力将会有所增强。但是,对农作物受灾率做科学的预测很困难,本书只能以 1996 年以来的平均受灾率作为预测年度的受灾率。

将以上取值代入模型,得到如表 3 - 5 所示的预测结果:

表 3 - 5 乌兰察布市马铃薯总产量预测表

	2019 年	2020 年
马铃薯播种面积/千公顷	312	312
马铃薯单产/(吨·公顷$^{-1}$)	16.3	16.4
马铃薯总产量/万吨	509	512

3.5　本章小结

　　本章对乌兰察布市马铃薯的产量变化、产品结构以及生产的发展趋势分别进行了分析。

　　从产量看,在种植面积及单产水平的共同作用下,1995—2000 年间,该市马铃薯的总产量逐年大幅度增加;2000 年以后,增长速度变缓。本书在对影响产量的因素进行定性分析的基础上,构建了该市的产量模型,定量地衡量各因素对马铃薯产量的影响程度。

　　从产品结构上看,脱毒种薯、新鲜食用薯、加工专用薯的生产中,新鲜食用薯所占比例最大。

　　随着经济的发展以及马铃薯产业的发展,该市马铃薯的产业化经营还将进一步发展,同时,马铃薯的产量也将进一步增加。

第四章

乌兰察布市马铃薯消费状况分析

第四章

马铃薯的消费是构成乌兰察布市马铃薯市场的一个重要方面。本章分别对该市马铃薯的市内消费情况及外销(销往本市以外的地区,包括国外)情况、影响消费量的主要因素以及消费的发展趋势进行分析。

4.1　消费特点分析

4.1.1　消费市场遍布全国各地

1995 年之前,乌兰察布市生产的马铃薯主要满足市内消费者的需求,外销量很少,这主要是因为这一期间该市马铃薯的总产量小,商品率低。1995 年之后,随着马铃薯产业的发展,该市马铃薯外销量逐年增加,2014 年,全市马铃薯外销总量达到 173 万吨。

该市是我国少数几个适合生产脱毒种薯的地区之一,每年都有部分优质种薯销往山东、河南、河北、陕西、山西、宁夏、广东、福建等地。此外,作为全国最大的马铃薯产区,该市每年都有大量的新鲜食用薯销往广州、深圳、上海、南京、武汉等地。

4.1.2　市内外对马铃薯的消费以食用消费为主

市内马铃薯的消费可以划分为食用消费、种用消费、饲用消费、加工业消费及损耗五个部分。1995 年之前,该市生产的马铃薯主要满足市内消费者的需求,马铃薯的商品率低。一般的规律是:最好的 12% 左右出售给周边城镇居民食用,剩下的农户自己留用(农户食用18%,加工业20%,饲用30%,种用10%,损耗10%),食用总量所占比例为30%左右。1995 年之后,随着马铃薯产业的发展,该市马铃薯商品率不断提高,饲用比例逐年下降,随着运输、存储条件的改善,马铃薯的损耗大幅度下降,总的来说,该市马铃薯的食用消费比例逐年上升。

目前,对乌兰察布市马铃薯的消费以家庭食用消费为主。2014 年,家庭食用消费总量达到 184 万吨左右(其中市内约 29 万吨、市外约 155 万吨),占同年该市马铃薯总产量的 46% 左右;种用消费 59 万吨左右(市内约 41 万吨,市外约

18 万吨），占同年该市马铃薯总产量的 15% 左右；饲用消费约 59 万吨，占同年该市马铃薯总产量的 15% 左右；加工业消费约 75 万吨，占同年该市马铃薯总产量的 19% 左右；损耗约 19 万吨，占同年该市马铃薯总产量的 5% 左右。

4.2 市内消费的变化

该市市内对马铃薯的消费可以分为食用消费、种用消费、加工业消费、饲用消费及损耗五个部分。从发展的角度来看，家庭食用量的增加、加工业用料的增加、饲用量的增加以及种用量的增加均可使马铃薯消费总量增加。

4.2.1 食用消费量稳定

马铃薯是该市的传统作物，该市人民有食用马铃薯的传统。马铃薯自清朝中期开始在该地区种植以来，就成为该市人民的重要食物之一，当地有一句俗语——饥当粮，饱当菜，顿顿离不开，就是形容马铃薯在该市食物结构中的重要性。在 1995 年之前，一般的规律是：该市生产的马铃薯中，质量最好的 25 万—30 万吨被用作食物，占马铃薯总产量的 30% 左右。

目前，该市马铃薯的食用消费总量大，而且人均消费量远远高于全国平均水平。2014 年，全市马铃薯食用消费总量约为 29 万吨。笔者的调研结果显示：在该市的农村，人均马铃薯食用消费量为 55 kg 左右；在该市的城镇地区（集宁区、察哈尔右翼中旗），每年人均马铃薯食用消费量达到 40 kg。而屈冬玉的研究表明，我国每年人均马铃薯食用消费量仅为 14.5 kg。

4.2.2 种用消费量稳步上升

种用消费是该市市内马铃薯消费结构中的重要组成部分。该市农户习惯把马铃薯块茎切块后播种，1995 年之前，该市马铃薯的种植面积为 10 万—12 万公顷，平均用种量为 1.3 吨/公顷，该市马铃薯种薯的用量为 13 万—16 万吨，占马铃薯总产量的 11%—13%。1995 年之后，随着马铃薯种植技术的进步，该市农户合理密植，平均用种量约为 1.6 吨/公顷；同时，该市马铃薯单产及总产水平明显上升，马铃薯种用消费占马铃薯总产量的比例下降到 10% 左右。

目前,该市马铃薯种用消费量大,脱毒种薯覆盖率高于全国平均水平。

4.2.3　加工业消费量有限

长期以来,该市的马铃薯加工业一直比较落后。该市农民一直有着手工加工马铃薯淀粉的传统,20世纪90年代以前,该市只有部分旗县(察哈尔右翼中旗、四子王旗)有马铃薯淀粉加工机械,传统的加工产品均为粗淀粉、粉条、粉丝等,主要供市内居民食用消费,加工总量为当年产量的20%左右。

近些年,该市马铃薯加工业发展迅速,其中,内蒙古富广食品有限公司及内蒙古集宁奈伦淀粉工业有限公司的发展具有代表性。内蒙古富广食品有限公司成立于1998年8月,是一家专门从事马铃薯食品加工的现代化大型民营企业,其生产技术及产品质量都达到世界领先水平。公司投入巨资从荷兰引进的马铃薯全粉生产线,年生产能力达到1.2万吨;从意大利引进的国内第一条三维膨化食品生产线,年生产能力达到1 500万吨。2002年9月,"富广牌"马铃薯全粉被自治区人民政府命名为内蒙古名牌农畜产品。该公司与百事食品(中国)有限公司签订了战略合作伙伴协议,为其提供马铃薯全粉;同时,还有部分产品远销到俄罗斯、韩国、日本、泰国、菲律宾、马来西亚、以色列等国家。内蒙古集宁奈伦淀粉工业有限公司由奈伦集团与奈伦农科投资兴建。该公司是一家大型马铃薯精淀粉、变性淀粉及农副产品综合加工的生产企业。公司成套引进世界先进的瑞典、荷兰自控设备,完全采用欧洲生产工艺,以现代化管理方式,生产具有国际先进水平的高纯度、高黏度马铃薯精淀粉、系列变性淀粉及膳食纤维、蛋白粉等产品。公司生产规模达精淀粉3万吨、变性淀粉2万吨、膳食纤维5 000吨、蛋白粉2 400吨,年总产值2.2亿元,是一家综合型深加工的大型马铃薯加工企业。

乌兰察布市的马铃薯加工产品示例可见图4－1。

图 4-1　乌兰察布市马铃薯加工产品

　　但是,该市马铃薯加工业的总体加工能力有限。目前,市内马铃薯加工企业的年鲜薯转化总能力为 80 万吨左右(其中内蒙古富广食品有限公司、内蒙古集宁奈伦淀粉工业有限公司的年鲜薯转化能力分别为 15 万吨、25 万吨;此外,市内较大型的马铃薯加工企业还有四子王旗力仁淀粉制品有限责任公司等,年均鲜薯转化能力为 5 万—10 万吨)。2013 年,全市马铃薯加工企业的实际加工总量为 65 万吨,加上遍布全市城乡的粉皮、粉条、粗淀粉加工点,全市共加工马铃薯 93 万吨左右。

4.2.4　饲用消费量基本稳定

　　作为一种营养价值高的高产作物,马铃薯一直是种植区农村最主要的饲料来源。一般的规律是:最好的马铃薯食用,剩下的加工,最差的作为饲料。总的来说,1995 年之前,该市马铃薯饲用消费所占比例一直稳定在 30% 左右。不同的年份之间马铃薯饲用消费所占比例有所波动,但是波动幅度不大。1995 年之后,随着马铃薯产业的发展,该市马铃薯商品率显著提高,马铃薯用作饲料的比例明显下降。2014 年,全市马铃薯的饲用量占马铃薯总产量的比例约为 15%。

　　笔者的调研结果显示,目前,该市用作饲料的马铃薯可以分为三部分:①因质量低下无法出售或者用于其他用途的马铃薯。主要是指在收获过程中产生伤口，或者薯形不整齐、质量太小的马铃薯，这部分马铃薯占总产量的6%左右。②农户计划内留用部分。该市广大农户一直有用马铃薯喂猪的习惯，所以，每年都要留一定的马铃薯作为饲料。③无法售出的马铃薯。近几年，该市的新鲜食用薯出现了"卖难"的现象，无法售出的部分马铃薯只好留作饲料。

4.2.5　损耗率逐年下降

马铃薯的损耗是指从生产到消费各环节导致的损失，即在运输和储藏中的损失。本书所指的损耗不包括收获前和收获中的损失，家庭中可食用、不可食用马铃薯及其加工产品的浪费也不包括在内，同时，马铃薯在加工过程中的技术损失被计算在各自转换率估计中，不包括在损耗之内。

1995年之前，该市马铃薯的平均损耗率为10%左右，近些年明显下降。马铃薯是一种笨重、易变质的农产品，运输过程中挤压、碰撞以及储藏过程中温度、湿度控制不当，都会造成损失。由于马铃薯的生产地区、收获季节相对集中，而相对来说，消费者对马铃薯的消费分散在全国各地以及一年中的各个季节，所以该市每年都有大量的马铃薯需要远距离运输以及较长时间储藏。长期以来，运输、储藏条件的落后导致了该市马铃薯的损耗率较高。随着马铃薯产业的发展，该市马铃薯运输、储藏条件得到了很大的改善。市政府出台了系列优惠政策，从土地使用、资金信贷、材料供应等方面对马铃薯储窖的建设给予了大力的支持和帮助。随着储藏条件的改善，该市马铃薯损耗率明显下降。2014年，全市的马铃薯储藏总量为250万吨左右，因储藏而损耗的马铃薯为19万吨左右，马铃薯的烂窖率约为8%，马铃薯的损耗率下降到5%左右。

4.3　市外消费的变化

市外地区对该市马铃薯的消费是该市马铃薯消费总量的重要组成部分。1995年以前，该市生产的马铃薯主要供给市内消费者，外销量很小；1995年之后，随着马铃薯产量的增加，该市马铃薯的外销量也逐渐增加。2014年，全市共有173万吨左右的马铃薯销往市外地区。

目前,市外地区对该市马铃薯的消费主要集中在新鲜食用薯及脱毒种薯部分。

4.3.1　新鲜食用薯外销量稳步上升

1995 年之前,该市没有关于外销马铃薯数量的官方统计数据,但据该市农牧业局有关专家介绍,这一期间,该市新鲜食用薯的外销量为 5 万—10 万吨。

1995 年之后,不同年份的外销马铃薯的数量有所变化,但总的来说,随着该市马铃薯产业的发展,马铃薯外销数量逐渐增加,在全市马铃薯总产量中所占比例也逐渐增加,可见图 4-2。

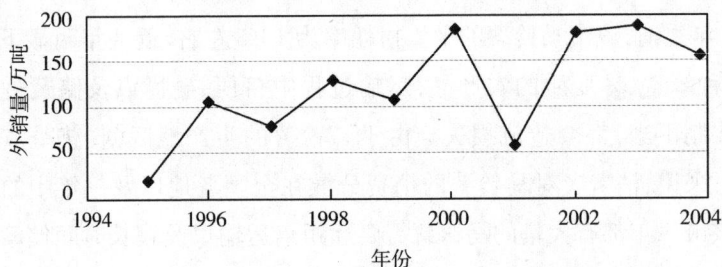

图 4-2　1995—2004 年乌兰察布市新鲜食用薯外销量变化图

4.3.2　脱毒种薯外销量逐年增长

据该市农牧业局有关专家介绍,1995 年之前,由于该市马铃薯脱毒种薯生产规模较小,因此脱毒种薯总产量较低,外销脱毒种薯数量有限,常年平均为 1 万吨左右。

1995 年以后,随着该市马铃薯产业的发展,马铃薯脱毒种薯生产体系逐渐建立起来,脱毒种薯的生产能力逐年增加,外销量也逐渐增加,可见图 4-3。

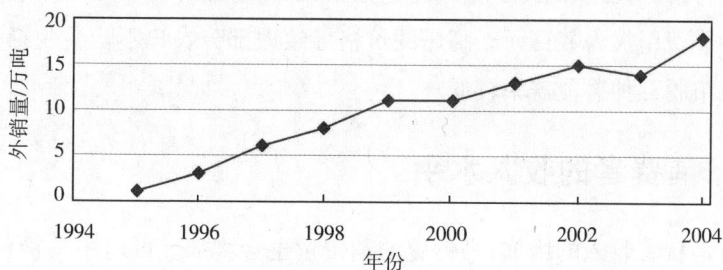

图 4 - 3　1995—2004 年乌兰察布市马铃薯脱毒种薯外销量变化图

4.4　影响马铃薯消费量的因素分析

马铃薯消费量是由多种因素共同决定的,其中最主要的因素有:马铃薯的价格、消费者的收入水平、相关产品的价格、消费者的偏好、人口总量及人口构成、相关政策等。由于数据原因,本书无法定量地衡量各因素对马铃薯消费量的具体影响程度,只能进行定性分析。

4.4.1　马铃薯的价格

马铃薯的价格发生变化时,马铃薯的消费量也随之变化。当马铃薯的价格上升的时候,人们会增加对马铃薯替代品(蔬菜)的消费,减少对马铃薯的消费。可以用消费的价格弹性来衡量价格变化对马铃薯消费量的影响程度。J. Guenthner对美国的零售市场进行分析,测算出美国新鲜食用薯的价格弹性系数为 -0.14,冷冻、脱水、油炸马铃薯的价格弹性系数分别为 -0.55、-0.77 和 -0.67。可以看出,消费者对马铃薯加工产品的价格要敏感得多,这是因为马铃薯加工产品的价格变化时,新鲜食用薯可作为替代品,消费者可以调整新鲜食用薯的购买量。

其中,马铃薯脱毒种薯的消费量受价格的影响更为显著。目前,合格的马铃薯脱毒种薯的价格高昂,导致大部分农户无力购买。2013 年,乌兰察布市一级脱毒种薯的价格为 2.4 元/公斤,二级脱毒种薯的价格为 1.8 元/公斤。同年,该市商品马铃薯的价格仅为 0.42 元/公斤。按每公顷用种 1.6 吨计算,如购买脱毒种薯,每公顷的种子费用高达数千元;如果播种普通的商品马铃薯,每公顷的种子费用仅为数百元。高昂的价格导致大部分农户不购买脱毒种薯,进而造成该市脱毒种薯覆盖率较低。

4.4.2   消费者的收入水平

随着消费者收入的增加,马铃薯的消费量也会增加。可以用马铃薯消费的价格弹性系数来衡量消费者收入的变动对马铃薯消费的影响程度。霍顿认为,新鲜食用薯消费的价格弹性系数在发达国家是负值,在发展中国家却是正值,如在我国及其他亚洲国家新鲜食用薯消费的价格弹性系数为 +0.30。而斯科特等人的计算结果表明,我国对马铃薯的食物消费的价格弹性系数为 +0.35。

由于无法获取相关的数据,本书没有对我国及乌兰察布市马铃薯消费的价格弹性系数进行具体测算,但通过上述的定性分析,本书认为,+0.30 — +0.35可能仅是我国新鲜食用薯平均价格弹性系数,适用于全国平均,但不适合用于乌兰察布市。马铃薯在该市是一种主要传统的食物,人均食用量比较稳定,随着收入的变化,该市人均马铃薯的消费量也会发生变化,但是变化的幅度要小于全国平均水平,所以本书认为乌兰察布市新鲜食用薯的价格弹性系数应小于 +0.30。

4.4.3   相关产品的价格

与马铃薯相关的其他一系列商品的价格变化,都会引起马铃薯消费量的变化。

在我国现阶段,马铃薯主要被作为一种蔬菜食用,各类蔬菜就是马铃薯的替代品。收入有限的消费者在购买食品的时候会反复比较,对某一高价商品感兴趣的消费者可能会转而购买其替代品。所以,马铃薯替代品的价格上涨,会促进马铃薯消费量的增长;反之,替代品价格的下降会导致马铃薯消费量的下降。

互补产品是能够影响马铃薯消费量的另一类产品。在外消费的时候,消费者常常是将马铃薯与其他食物(例如在快餐店的汉堡包)一起食用。这些与马铃薯一起食用的食物就成为马铃薯的互补产品。马铃薯的消费量与互补产品的价格之间呈现反比的关系,互补产品价格的降低能拉动马铃薯消费量的增长。

4.4.4　消费者的偏好

消费者的偏好也影响着马铃薯的消费量。但是,消费者对马铃薯的偏好是变化着的,许多事情都可以改变消费者对马铃薯的态度。

随着相关部门对马铃薯营养价值的宣传,对营养成分很关心的人可能会增加马铃薯的使用量,如果许许多多的人都有这种想法,马铃薯食用消费就会显著增加。同时,经销商也可能通过对马铃薯及马铃薯产品进行宣传、促销等,吸引更多的消费者。日益变化的生活方式也影响着消费者的口味和喜好,随着经济的发展、生活节奏的加快,消费者喜欢能含有更多服务的产品,所以对马铃薯方便食品、快餐食品的消费量会增加。

4.4.5　人口总量及人口构成

人口总量对马铃薯的消费量有着重要的影响。在其他条件不变的情况下,我们可以假定我国的马铃薯消费量将会随我国人口的年均增长比例而呈一定比例增长。

人口构成也会对马铃薯的消费量产生影响。在我国,北方的人均新鲜食用薯消费量高于南方;农村居民的人均新鲜食用薯消费量高于城镇居民,但城镇居民对马铃薯加工食品的人均消费量要高于农村居民;高收入人群的新鲜食用薯消费量低于低收入人群,但其马铃薯加工食品的消费量高于低收入人群。同时,不同性别、不同年龄的消费者对马铃薯及马铃薯加工产品的消费偏好也不相同:女性、儿童、青少年的马铃薯快餐、方便食品的消费量要高于平均水平,而老年人口可能更愿意消费新鲜食用薯。

4.4.6　相关政策

相关政策对马铃薯消费量的影响主要体现在马铃薯脱毒种薯的消费量上。1995 年以来,在乌兰察布市政府相关政策及其他因素的共同作用下,该市马铃薯脱毒种薯的覆盖率大幅度增加。

政府科技推广政策以及补贴政策,都对马铃薯脱毒种薯的消费量有重要的影响。该市广大农户习惯自己留种,即采用上年的商品薯作为下年的种薯进行播种。虽然农民意识到马铃薯的退化现象,但是对种薯质量重要性的认识不够,加之没有掌握科学的栽培技术,致使采用脱毒种薯的增产效果不明显,进而抑制了脱毒种薯的使用量。随着宣传及科学种植方法推广,该市脱毒种薯的使用量逐渐增加。

4.5   消费的发展趋势分析

4.5.1   市内消费方面

市内马铃薯的消费总量将有所增加,但市内消费的发展将主要体现在消费结构的变化上。

随着该市人口的增长,该市马铃薯的食用消费总量将有所增加。

随着马铃薯产业的发展,该市脱毒种薯的价格将逐渐下降;此外,科技推广及补贴政策的施行,也将对脱毒种薯的使用产生积极的影响。在二者的共同作用下,该市脱毒种薯的消费量还将进一步增加。

该市的马铃薯加工业将稳步发展,对加工专用型马铃薯的需求量进一步增加。新鲜食用薯作为初级产品销售,其价值很低,只有加工才能使其增值,因此,该市政府努力扶持市内的马铃薯加工企业。该市先后出台一系列优惠政策,从税收、用地、贷款等各个方面对市内马铃薯加工企业进行扶持,并对加工企业的技术改造进行补贴。在政府的扶持下,该市马铃薯加工业将进一步发展,对加工专用型马铃薯的需求也将进一步增加。

从前面的分析可以知道,目前,该市马铃薯饲用比例较高,而饲用马铃薯主要有三个来源:①质量低下,无法出售或者用作其他用途的马铃薯。②农户计划内留用部分。③因"卖难"而无法售出的马铃薯。随着马铃薯产业的发展,该市马铃薯的产品结构将会进一步调整,新鲜食用薯的"卖难"问题将有所缓解,所以马铃薯的饲用比例将有所下降。

马铃薯的损耗主要产生在运输、储藏过程中,随着运输、储藏条件的改善,该市马铃薯的损耗率将会有所下降。

4.5.2　市外消费方面

新鲜食用薯的外销量将有所增加。随着我国经济的发展以及人口的增长，我国马铃薯的食用消费总量仍将增加。乌兰察布市是我国最大的马铃薯产地，每年都有大量的新鲜食用薯外销，我国马铃薯食用消费总量的增加，必然会导致该市新鲜食用薯外销量的增加。

脱毒种薯的外销量将进一步增加。随着经济、技术的发展以及马铃薯产业的发展，我国马铃薯脱毒种薯的覆盖率将进一步提高，而我国大部分马铃薯产区都不适合生产脱毒种薯，因此需要从种薯产区调入大量的合格脱毒种薯。乌兰察布市是我国少数几个适合生产脱毒种薯的地区之一，该市的种薯产业正迎来新的发展空间。

加工专用薯可能开始外销。据中国淀粉工业协会统计，目前国内马铃薯淀粉和变性淀粉的现有产量远远不能满足需求。将来，随着马铃薯产业的发展，我国马铃薯淀粉的生产量将进一步增加，进而对加工专用薯的需求也将会进一步增加。随着我国马铃薯加工业的发展以及该市加工专用薯生产的发展，该市将逐步为市外马铃薯加工企业提供部分加工原料。

4.6　供求平衡状况分析

从理论上讲，一个地区的马铃薯产量加该地区从外地调入的马铃薯量等于该地区的马铃薯消费量加该地区调往外地的马铃薯量。到目前为止，乌兰察布市还没有精确的马铃薯市内消费量、外销量的统计数据，所以本书仅根据该市农业部门的相关估算，以2014年的数据为例分析。数据比较粗糙，只能大致反映该市马铃薯生产、消费的基本状况。

2014年，乌兰察布市马铃薯生产总量为396万吨，其中，脱毒种薯产量为50万吨，加工专用薯产量为43万吨，新鲜食用薯的产量为303万吨；同时，从市外调入的马铃薯数量为零。该市市内马铃薯消费总量为223万吨，其中食用消费约29万吨、脱毒种用消费约41万吨，饲用消费约59万吨、加工业消费约75万吨、损耗约19万吨；同年，销往市外各地的马铃薯共计173万吨左右，其中脱毒种薯约18万吨,新鲜食用薯约为155万吨。

(1)加工专用薯供不应求。2014年,市内马铃薯加工企业加上一些手工作坊的年均加工能力约为75万吨,但该市加工专用薯的年生产能力只有43万吨左右,其中还有部分加工专用薯的外形及质量无法达到加工要求,市内加工专用薯的缺口达到32万吨左右。随着该市马铃薯加工业的进一步发展,对加工专用薯的需求量将进一步增加,加工专用薯的缺口将进一步扩大。

(2)脱毒种薯的生产比例小。乌兰察布市是我国少数几个适合生产脱毒种薯的地区之一,而且脱毒种薯的生产技术水平在国内处于领先地位,理应成为我国重要的马铃薯脱毒种薯产地。但由于历史原因,当地农民习惯性地从上一年度产出的新鲜马铃薯中挑选合适的留种,春耕时,把自己留用的马铃薯切块播种。同时,脱毒种薯的价格居高不下,也进一步限制了其使用。

4.7 本章小结

乌兰察布市马铃薯的消费分为市内消费及市外消费。市内消费主要包括食用消费、种用消费、加工业消费、饲用消费及损耗,市外消费主要是新鲜食用薯消费及种薯消费。1995年之前,该市马铃薯的消费以市内消费为主,1995年之后,市外消费逐年增加。2014年,该市马铃薯市内消费总量为223万吨左右,外销量达到173万吨左右。

马铃薯的消费量是由多种因素共同决定的,其中最主要的因素有:马铃薯的价格、消费者的收入水平、相关产品的价格、消费者的偏好、人口总量及人口构成、相关政策等。

随着我国经济的发展以及该市马铃薯产业的发展,该市马铃薯的外销量将进一步增加;该市市内脱毒种薯、加工专用薯的消费量仍将进一步增加,饲用消费及损耗可能会有所下降。

第五章

乌兰察布市马铃薯
流通与价格分析

5.1　马铃薯的流通分析

马铃薯只有通过市场流通才能进入消费领域,所以对马铃薯流通的分析是马铃薯市场分析的重要组成部分。本节将在对该市马铃薯流通渠道、流通的市场类型、流通参与主体进行分析的基础上,对该市马铃薯流通中存在的问题及发展趋势进行分析。

5.1.1　品牌打造与产品宣传

(1)品牌打造

乌兰察布市重视打造马铃薯品牌,成效显著。2008 年,原农业部认证了"乌兰察布马铃薯"地理标志。2009 年 3 月,中国食品工业协会正式命名乌兰察布市为"中国马铃薯之都"。2011 年,"乌兰察布马铃薯"地理标志证明商标注册。乌兰察布市"中国薯都"的地位不断得到巩固。

2013 年,市人民政府办公厅出台了专门的文件乌政办发〔2013〕101 号,详细规定了乌兰察布马铃薯地理标志证明商标的使用与管理办法。"乌兰察布马铃薯"地理标志证明商标的注册人为乌兰察布市马铃薯协会,其享有对"乌兰察布马铃薯"地理标志证明商标的使用管理权。市政府成立乌兰察布马铃薯地理标志证明商标保护工作领导小组,负责统一管理全市的"乌兰察布市马铃薯"地理标志产品保护工作。同时规定了地理标志证明商标的具体样式。

"乌兰察布马铃薯"种植于集宁区、卓资县、化德县、商都县、兴和县、凉城县、四子王旗、察哈尔右翼前旗、察哈尔右翼中旗、察哈尔右翼后旗、丰镇市 11 个区、市、旗、县,种植面积稳定。"乌兰察布马铃薯"的品质特点为:个头大,品质好,营养成分丰富(淀粉含量为 15%—24.25%、蛋白质含量为 1.18%—2.44%、糖类含量为 1.5% 左右、矿物质含量为 1.1% 左右)。

(2)产品宣传

乌兰察布市积极搭建马铃薯产销对接平台,连续多年成功举办"中国薯都·乌兰察布马铃薯展洽会",吸引京、津、广东等地区农副产品生产加工企业参展("请进来"),拓宽该市马铃薯销售市场,实现产销连接,从而使乌兰察布马铃薯品牌知名度"走出去"。

2011年9月26日,首届展洽会在北京召开。通过产品展示、经贸洽谈和信息交流,集中展示乌兰察布马铃薯的种植规模和优良品质,扩大乌兰察布马铃薯的知名度,提升"中国薯都"的影响力,乌兰察布马铃薯以优质的品质全面打入北京市场。2012—2017年,乌兰察布市又在市政府所在地集宁区召开了6次展洽会,吸引了大量的外地客商和投资者。

5.1.2 流通渠道分析

马铃薯的流通渠道是指马铃薯从生产者手中转移到消费者手中所经过的途径。

乌兰察布市生产的马铃薯,除满足本地市场的需要外,部分经过远距离运输,远销到全国各地。该市马铃薯的流通渠道示意可见图5-1。

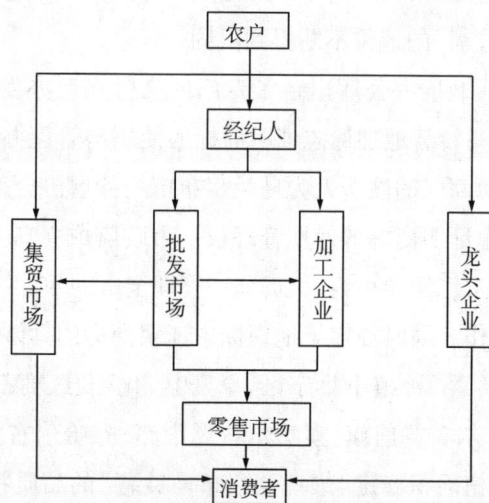

图5-1　乌兰察布市马铃薯流通渠道示意图

(1)农户—集贸市场—消费者

本渠道是指农户在集贸市场上将马铃薯直接销售给消费者。在1995年以前,当地农户生产的马铃薯除了自家留用以外,部分会通过集贸市场销售。随着马铃薯产业的快速发展,目前,农户生产的马铃薯主要通过经纪人集中销往全国各地,但城市近郊仍然有部分农户通过集贸市场销售马铃薯。这种流通渠道无中间环节,马铃薯的销售价格较低,深受市民青睐,但是该途径受地域限制比较明显,交易量有限。

(2)农户—经纪人—批发市场—零售市场—消费者

近些年,乌兰察布市加大了产品的宣传和品牌的塑造。2011年开始,先后召开了数次马铃薯展洽会,"乌兰察布马铃薯"地理标志证明商标也注册成功。该市生产的马铃薯知名度越来越高,吸引了大量的客商。马铃薯经纪人是指在马铃薯主产区从事马铃薯经销的服务人员,在乌兰察布市,从事马铃薯经纪工作的既有当地商人,也有外地客商。

新鲜食用薯的流通大多数采用农户—经纪人—批发市场—零售市场—消费者的流通渠道。由经纪人从农户手中收购的马铃薯,有以下两种去向:由当地经纪人在批发市场(产地批发市场)上销售给本地零售商,然后再销售到消费者手中;由当地经纪人在批发市场(产地批发市场)上销售给外地客商(外地经纪人),经由外地客商销往外地的批发市场或零售市场,再销售到消费者手中。

(3)农户—龙头企业—消费者

脱毒种薯的流通经由本渠道。其中,龙头企业是指本地的脱毒种薯研发机构。龙头公司自己生产脱毒瓶苗及微型薯,向种薯基地的农户提供微型薯,由农户负责生产原种及脱毒良种;公司在脱毒种薯生产期间为农户提供相关的技术指导,指导农户进行标准化生产;农户生产出的原种及良种交由公司负责销售。

(4)农户—经纪人—加工企业—零售市场—消费者

作为加工原料的马铃薯经由本渠道流通。经纪人向农户收购马铃薯,销售给马铃薯加工企业进行加工,加工产品经由零售市场销售给消费者。

5.1.3 流通中的市场类型分析

(1)集贸市场

集贸市场在乌兰察布市马铃薯的流通体系中,曾经占据着极其重要的地位。在该市马铃薯产业发展的初期,当地农户生产的马铃薯主要供农户自己留用及当地城镇居民食用,把马铃薯销售给城镇居民的环节,大多数是在集贸市场上完成的。集贸市场以零售为主,其经营的马铃薯除了直接向农户收购或者由农户自己出售外,还有部分来自批发市场。

随着马铃薯批发市场及零售市场的发展,集贸市场在该市马铃薯流通中的地位有所下降,但在整个马铃薯的流通体系中仍然有着一定的地位。

(2)批发市场

马铃薯批发市场分为产地批发市场和销地批发市场,乌兰察布市的马铃薯批发市场属于产地批发市场。产地批发市场是指位于马铃薯集中产区的批发市场,它是进行马铃薯批量交易的直接场所,并为马铃薯的批量交易提供服务。

批发市场有较广的辐射功能,可以吸引和汇集较大区域的马铃薯生产者,在较短的时间内完成交易过程,再销到各地。

近几年,乌兰察布市的马铃薯产地批发市场发展迅速。该市是我国最主要的马铃薯生产地之一,随着马铃薯产业的发展;传统的集贸市场已不能满足马铃薯流通的需要,马铃薯批发市场(产地批发市场)逐步发展起来。到目前为止,全市共有察右后旗北方马铃薯批发市场有限责任公司(简称北方马铃薯交易市场)、科布尔马铃薯交易中心、布连河马铃薯批发市场等多处大型的马铃薯批发市场。

但是,到目前为止,该市马铃薯批发市场的功能还没有充分发挥。理论上,农产品批发市场具有商品集散功能、价格形成功能、调节供求功能、信息中心功能、综合服务功能等,但是,由于目前乌兰察布市的马铃薯批发市场建设仍处于初级阶段,交易方式和交易手段都比较落后,批发市场的功能没有得到充分发挥。

例如,北方马铃薯交易市场是乌兰察布市规模最大、设备最先进的马铃薯批发市场,该批发市场已经可以发挥一定的价格形成、调节供求、信息中心等功能,但是批发市场的各项功能仍然没有得到充分发挥。北方马铃薯交易市场2001年开始建设,2003年建成并投入运营。市场交易的马铃薯来自该旗及周边旗县,卖方主要是当地的种植大户及经纪人,买方主要是外地客商及本地的加工企业。场内的交易方式是面谈,买卖双方现金结算,市场管理机构负责称重、维持治安。在该市场内,交易对象虽然有一定的稳定性,但是没有形成固定的交易伙伴。当地农民在同买方进行交易时一般以批发市场的价格为参考,并且以批发市场的价格变动情况结合自己的实际经验来决定马铃薯的上市时间。但是,由于交易主体的发育程度较低、交易技术落后,该批发市场缺乏对价格有序整合的功能。该批发市场以面谈交易为主,使得批发市场的交易分散而零碎,难以把握整体交易信息,无法充分发挥调节供求的功能,而形成的价格也不是完全真实的。在信息交流方面,由于现代化的信息收集、整理、发布系统和规范化的信息工作制度尚未建立,该批发市场的信息中心的功能没有得到充分发挥。

(3)零售市场

马铃薯的零售市场是通过零售方式直接为消费者提供马铃薯的最终交易场所,处于马铃薯流通过程中的最终环节,例如将马铃薯销售给最终的消费者的超市、便民店、露天市场等零售点。零售市场的规模和效率,对马铃薯流通过程中的速度和效率都将产生影响。

零售市场上的商品主要来源于批发市场或者马铃薯加工企业,目前也出现了来自产地经纪人的情况。乌兰察布市的马铃薯经纪人就直接与北京等地的零售商联系,直接供应马铃薯,提高了马铃薯的流通效率,节省了流通费用。

随着马铃薯品牌战略的实施以及我国农产品零售业的发展,马铃薯的零售市场也将发生相应的变化。在这种变化过程中,因其对农产品的品牌声誉和产品质量的重视,各级超市将成为马铃薯零售市场发展的一种趋势。乌兰察布市有关部门对马铃薯的终端零售市场十分重视,力争把本市的马铃薯直接配送给零售商,并把品牌打入超市。

5.1.4 流通参与主体分析

在马铃薯由生产者向消费者转移的流通过程中,流通的参与主体一般有以

下类型:

(1)农户

农户是该市马铃薯市场中最主要的交易主体,参与流通的主要方式是在集贸市场上直接与消费者联系,或者在批发市场上通过经纪人间接地与外地马铃薯客商或者本地马铃薯加工企业联系。

总的来说,目前该市的马铃薯生产以单家独户为主,农户的生产规模小,组织化程度低,市场力量薄弱,在市场竞争中处于不利的地位。

(2)中介组织

马铃薯流通中的中介组织是指马铃薯产区中存在的各类型的合作经济组织及马铃薯协会。这些中介组织可以有效地把分散的农户联结起来进入市场,参与竞争。

目前,该市的马铃薯中介组织发育程度差,全市还没有形成有规模的马铃薯合作经济组织,各地的马铃薯协会也仅为会员提供一定的市场信息服务。

(3)经纪人

马铃薯经纪人是指在马铃薯产区从事马铃薯经营服务的人员。这些经纪人一般是马铃薯生产大户或者农村中的一些"能人",自己本身有一定的市场洞察力和开拓精神,并且有一定的资金积累。他们一方面从农户手中购买马铃薯,另一方面开拓市场,联系各地客商,在马铃薯的流通体系中处于十分重要的地位。

大多数马铃薯经纪人有一定的资金积累,拥有卡车作为运输工具,也与规模小的三轮车、拖拉机的车主合作,后者为其代收马铃薯。这些马铃薯经纪人大多数拥有一定的存储设备(如大型的储窖),一些经纪人还与当地的铁路部门联系,用火车运输新鲜的马铃薯。但是,总的来说,乌兰察布市的马铃薯经纪人队伍还不够强大:虽然这些马铃薯经纪人都有一定的资金积累,但是有能力进行大规模收购的经纪人很少;虽然大多数马铃薯经纪人拥有一定的存储设备,但是存储手段还很落后,马铃薯的存储损失仍然很大;虽然大多数马铃薯经纪人的收益较稳定,与农户、购买者之间有着较稳定的合作关系,但签订合同的还很少。

(4)产销紧密结合组织

在产销紧密结合组织中,签订合同的农户只负责马铃薯的生产,公司或者龙头企业上门收购并负责销售。这种流通方式解决了马铃薯生产者的后顾之忧,但目前尚未成熟。目前该市有实力的龙头企业较少,无法与广大农户签订合同,而且双方违约的概率很大,所以目前在该市马铃薯产业中,仅在脱毒种薯生产体系中存在产销紧密结合组织。

该市的马铃薯脱毒种薯生产全部采用订单式的方式。脱毒种薯的生产投入较高,对技术的要求也很高,并且销售的对象特定,农户自己较难生产而且无销售的渠道,所以农户违约的概率低,同时,相关的企业及科研机构虽有技术及销售渠道,但没有生产的土地及人力,也乐于和农户合作,加之脱毒种薯的生产单位有限,一一签订合同是可行的,所以在脱毒种薯的经营中,产销结合的紧密程度较高。

(5)外地客商

外地客商是指在马铃薯上市季节前来乌兰察布市收购马铃薯的外地马铃薯经销商。他们一般有自己的运输及销售渠道,在产地批发市场上与该市马铃薯经纪人交易,在销地市场上销售,从不同市场之间的差价中获利。

5.2　马铃薯的价格分析

价格是市场参与者利益联系的纽带,也是其进行决策的基础,因而价格成为市场上最活跃和最重要的因素。对乌兰察布市马铃薯市场价格的研究是本书的一个重要组成部分。

5.2.1　年际间的价格波动分析

本书所指的马铃薯价格是指去除物价影响之后的马铃薯实际价格,示例可见图5-2。

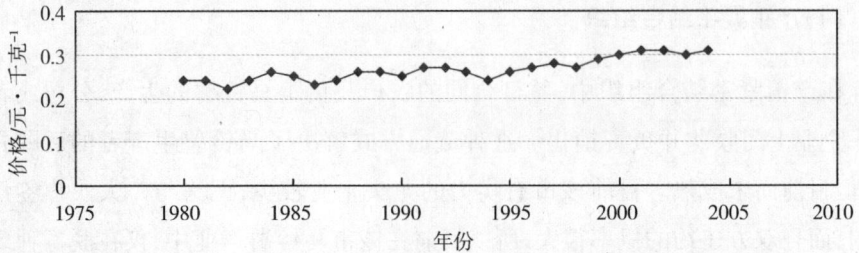

图 5 - 2 1980—2004 年乌兰察布市马铃薯价格变化图

从图中可以看出,1980—2000 年间,该市马铃薯的价格呈现周期性波动,四年一个周期,但 2000 年以后马铃薯价格波动趋于平缓。价格的滞后作用是该市马铃薯价格周期性波动的主要原因。

马铃薯价格的波动主要受以下因素的影响:

(1)供求变化的影响

在市场经济条件下,价格的波动会调节供给量和需求量,进而达到新的平衡。但是,由于马铃薯的生产周期较长,供给量具有一定的刚性,价格对供给量的影响有一定的滞后。

当马铃薯的供给量大于需求量时,马铃薯的价格下降,农户种植利润低,种植意愿降低,农户会增加其他农作物的种植面积而压缩马铃薯的种植面积,农户也会选择把一部分马铃薯用作饲料或者加工成粗淀粉等产品,最终会导致马铃薯的市场供给量下降。与此同时,消费者(加工企业及个人)的需求量将有所增加。供给量减少及需求量增加的共同作用将使马铃薯的价格回升。

当马铃薯的需求量大于供给量、马铃薯的价格上升时,一方面,消费者会减少对马铃薯的消费,另一方面,农户可能会增加马铃薯的种植面积,同时减少饲料用量和自行加工用量,最终导致市场供给量增加。供给量增加和需求量减少的共同作用将使马铃薯的价格有所下降。

(2)市场结构的影响

市场结构对马铃薯的价格也会产生影响。按照买家和卖家的数量、买家和卖家的规模、产品的差异程度以及进入和退出的障碍可以将马铃薯的市场划分为 4 类:竞争型、寡头垄断型、垄断型、垄断竞争型。

该市的马铃薯市场属于寡头垄断型市场。在这个市场上,作为卖家的农户有很多,其个体力量薄弱,组织化程度低;一些加工企业和经纪人作为买家,相对于卖家而言,数量少且购买数量较大。在寡头垄断型马铃薯市场上,买家可能利用自身所拥有的市场权力,把马铃薯价格压到竞争型市场应有的水平以下,但是具体差距取决于种植者的选择。农户选择增加饲料及自行加工用量,或者改变马铃薯的上市时间,垄断方的权力就被取消了,马铃薯的价格就接近竞争型市场的价格。

今后,随着农户的组织化程度增加,该市的马铃薯市场上卖方的市场力量将会有所加强,随着马铃薯经纪人队伍的逐步强大,买方的数量也会增加,在二者的共同作用下,马铃薯市场上买方的垄断力量有所减弱,市场价格将趋于公平。

5.2.2 季节差价分析

马铃薯季节性生产、常年性消费的特点,造成的不同季节之间的价格差额,就是季节差价。

乌兰察布市马铃薯的季节差价比较明显。相对于其他农产品(例如小麦、玉米),马铃薯贮藏难度大而且贮藏损失较高,因而马铃薯的价格受季节的影响较大。每年 9 月份左右有大量的马铃薯集中上市,使得这一季节的马铃薯价格偏低;在秋季马铃薯大量上市后,经过一个冬天贮藏,春天马铃薯的价格一般要明显高于前一年秋季。如:某年秋,马铃薯价格约为 1.52 元/千克;经过一个冬季的贮藏后,第二年春该市的马铃薯价格上升为 1.68 元/千克。值得注意的是,在部分年份(如 2015 年),由于市场供求关系的变化及全国其他马铃薯产区的影响,春季马铃薯的价格也会低于上年秋季。

5.2.3 质量差价分析

质量差价是指同种农产品在同一时间、同一市场,因质量的不同而形成的价格差额,具体表现为品种差价、品质差价等。

(1)品种差价

品种差价是指同一类产品不同品种之间的价格差额。加工专用薯及新鲜食用薯属于不同的品种,它们之间存在的差价就是品种差价。

该市加工专用薯的品种少、产量低,无法满足市内加工业的需求,每年都有部分新鲜食用薯被用作加工原料。由于产销联系不紧密,部分加工专用薯在无销售渠道的时候,也会进入食用市场。所以,到目前为止,该市还没有科学的品种差价体系。

(2)品质差价

品质差价是指同种农产品在同一市场、同一时间,因质量档次不同形成的价格差额。品质差价在脱毒种薯价格中的表现最为明显。由于一级脱毒种薯对环境、生产技术的要求都高于二级脱毒种薯,同时,一级脱毒种薯的投入高、风险大,而且亩均产量低于二级脱毒种薯,因此,一级脱毒种薯的价格明显高于二级脱毒种薯。2013 年春,一级脱毒种薯的价格为 4.8 元/千克,而二级脱毒种薯的价格为 3.6 元/千克。

但是,该市缺乏统一的质量标准,加之脱毒种薯质量监测体系不健全、检验方法和手段落后,导致脱毒种薯市场管理混乱、脱毒种薯质量参差不齐。所以,到目前为止,该市脱毒种薯的品质差价体系还很不科学。

5.2.4　马铃薯价格的变动趋势分析

由前面的分析可知,在市场供求及市场结构等因素的共同作用下,年际之间,该市马铃薯的价格波动趋于平缓。

随着马铃薯产业的发展,该市的马铃薯存储能力及存储手段都将进一步发展,马铃薯的供给量在时间上趋于均衡,马铃薯的季节差价将趋于缓和。随着马铃薯标准化生产的实施及脱毒种薯质量监测体系的逐步完善,该市马铃薯的品种差价、质量差价体系也将逐步科学。

5.3　本章小结

本章对乌兰察布市马铃薯的流通及价格进行了分析。

目前,该市流通参与主体发育滞后,而且批发市场建设也比较落后。随着马铃薯产业的发展,该市马铃薯的流通体系也将进一步完善。一方面,流通中各参与主体将进一步发育成熟,利益分配也将趋于合理;另一方面,各流通渠道也将进一步完善,其中,流通中最为重要的马铃薯批发市场的建设也将进一步加强,批发市场的各项功能也将逐步发挥,市内马铃薯流通主体直接与终端市场(零售市场)联系也将成为该市马铃薯流通的进一步发展方向。

在市场供求及市场结构等因素的共同作用下,年际之间,该市马铃薯的价格波动趋于平缓。随着马铃薯产业的发展,该市的马铃薯存储能力及存储手段都将进一步发展,马铃薯的供给量在时间上趋于均衡,马铃薯的季节差价将趋于缓和。随着马铃薯标准化生产的实施及脱毒种薯质量监测体系的逐步完善,该市马铃薯的品种差价、质量差价体系也将逐步科学。

第六章

乌兰察布市马铃薯产业化经营现状

2014年11月,中共中央办公厅、国务院印发了《关于引导农村土地经营权有序流转发展农业适度规模经营的意见》。意见中指出土地流转和适度规模经营是发展现代农业的必由之路。2015年中央一号文件中也提出要引导土地经营权规范有序流转,创新土地流转和规模经营方式,积极发展多种形式适度规模经营。农业适度规模经营有利于促进农业技术推广应用,进而提高农业生产效率,促进农业增效、农民增收,经营规模的扩大伴随着投资规模的快速扩大。

6.1　传统的家庭经营模式

6.1.1　农业家庭经营的内涵

所谓农业家庭经营,就是指以农民家庭为相对独立的生产经营单位,以家庭劳动力为主所从事的农业生产经营活动,因此又称为农户经营。农业家庭经营是一种弹性很大的经营方式,可与不同的所有制、不同的物质技术条件相适应,可以与不同的生产力水平相适应。农业家庭经营在各个历史阶段中多次改变其发展条件和经营内容,表现出不同的特点。20世纪70年代末期我国开始在农村实行家庭联产承包责任制,在土地集体所有制的前提下,使农户获得土地的使用权,使土地的所有权与使用权相分离,采取集体统一经营与农民分散经营相结合的经营体制。由于农民有了经营自主权,农业家庭经营在中国农村有了长足的发展,农产品的产量、质量迅速提高,品种不断增多。历史和现实都说明,家庭经营在农业中具有巨大的潜力、广泛的适应性和旺盛的生命力。

6.1.2　家庭经营中所存在的主要问题

中国农业实行家庭经营以来,农业生产和农业经济出现了翻天覆地的变化,在世界上所有的经济转型国家中,中国农业改革的绩效最好。事实说明,以家庭经营为主的农业微观经济组织构造,适合中国的实际情况,这项制度应该长期坚持下去。但这并不意味着农业家庭经营制度在中国已经完美无缺,随着市场经济的推进,农业家庭经营也暴露出许多弊端和问题,归纳起来主要表现在以下几个方面。

(1)耕地的细碎化与规模经营狭小

中国农业所实行的家庭经营在兼顾公平与效率的原则下,实行了耕者有其田的政策,将土地按劳动力或人口比例分配,具有明显的生活保障色彩,由此形成了每个农户承包的土地面积小、块数多的超小型经营规模。全国普遍实行农业家庭经营以后,农村劳均耕地面积为0.3公顷,人均只有0.1公顷。耕地平均化、细碎化,规模经营难以形成。

(2)集体经营功能弱化

农业家庭经营虽然有很多优点,但也存在着一些自身难以克服的弱点,需要集体经济组织给予支持。然而随着时间的推移,在统分结合的双层经营体制关系中,许多地方只剩下家庭经营这一块,村级集体经济组织大多处于瘫痪状态,无法办好一家一户办不了的事情。对274个村庄的跟踪调查显示,集体经济组织的强弱对"统"与"分"及农村社会经济的发展有着重要影响。按照集体直接经营收入占全村经济总收入的比例分组,调查村可分为三种类型:40.9%的村没有集体直接经营收入,为三类村;39.8%的村集体直接经营收入占10%以下,为二类村;19.3%的村集体直接经营收入占10%以上,为一类村。在连续观察期间,从农村经济总收入来看,一类村的经济总收入增长速度明显高于二、三类村;从集体为农户提供统一服务的支出来看,一类村的支出速度明显高于二类村,三类村为零。

(3)农户进入市场遇到障碍

随着农产品商品化程度的提高,农户在进入市场过程中遇到了诸多障碍,归纳起来主要表现在两个方面:一是农户在与农业产前产后各部门的市场竞争中处于不利地位。因为农户经营规模小且极为分散,掌握的市场信息不充分又不准确,与农业产前产后各部门所掌握的市场信息在质与量方面严重不对等,因而在市场交换中,农业产前产后各部门往往处于垄断地位,致使农户常常承担风险大而获利较少,在市场竞争中处于弱势地位。而且农户在市场交换中,处于无序、过度竞争状态。由于缺乏自我组织能力和代表农民利益的合作经济组织,因此农户交易成本很高,而且占有市场的份额很少,许多农户同场竞争,相互压价,增产不能增收。

6.2　农业产业化经营

中国的农业产业化经营,始于20世纪90年代初,是中国的一种独特叫法,它与20世纪50年代初发达国家开始的农业一体化经营过程中形成的农业综合经营本质上很相似,只是缘起的背景条件、历史作用、具体形式等存在着差别。农业产业化经营是以市场为导向,以农户经营为基础,以龙头组织为依托,以经济效益为中心,以系列化服务为手段,通过实行种养加、产供销、农工商一体化经营,将农业再生产过程中的产前、产中、产后诸环节连接为一个完整的产业系统,是引导分散的农户小生产转变为社会化大生产的组织形式,是多方参与主体自愿结成的经济利益共同体,是市场农业的基本经营方式。

6.2.1　农业产业化经营的特征

(1)生产专业化

围绕主导产品或支柱产业进行专业化生产,把农业生产的产前、产中、产后作为一个系统来运行,做到每个环节专业化与产业一体化相结合。农业生产专业化是农业商品经济发展到一定阶段的产物,由农业生产专业化带动形成的区域经济、支柱产业群、农产品商品基地,为农业产业化奠定了稳固的基础。

(2)企业规模化

农业生产专业化的效率是通过大生产的优越性表现出来的,因为农业生产经营规模扩大,有利于采用先进的农业科学技术,降低农业生产成本,为农产品的批量生产、加工、销售提供条件。企业规模化虽然包含生产经营规模扩大的意思,但更重要的是农产品生产、加工和运销的农户和企业的生产要素组成比例要合理,要避免或减少某种生产要素的不足或浪费,为农业产业化经营的高效运行奠定基础。

（3）经营一体化

通过多种形式的联合，形成市场牵龙头、龙头带基地、基地连农户的贸工农一体化经营体制，使外部经济内部化，从而降低交易成本，提高农业的比较利益。在实践中有不同形式的经营一体化，例如产销一体化、产加销一体化和资产经营一体化。

（4）服务社会化

它一般表现为通过合同稳定内部一系列非市场安排，而且无论是公司还是合作社，都在使农业服务向规范化、综合化方向发展，即将产前、产中、产后各环节服务统一起来，形成综合生产经营服务体系，农业生产者一般只从事一项或几项农业生产作业，而其他工作均由综合生产经营服务体系来完成，使农业的微观效益和宏观效益都得到提高。

6.2.2 乌兰察布市马铃薯产业化经营模式

20 世纪 90 年代以来，我国山东诸城等地率先推行的农业产业化经营逐渐在全国各地推广。乌兰察布市马铃薯产业经过多年的实践，摸索出了几种适合当地的马铃薯产业化经营模式。

（1）基地带动型

1999 年 10 月，乌兰察布市开始建设全市第一个马铃薯生产基地——四子王旗太平庄马铃薯标准化生产基地，由大户牵头、联户出资对土地资源进行了整合，由市政府出资 40%、旗政府出资 30%、农户出资 30% 购买大型指针式喷灌设施，由市政府出资 10%、旗政府出资 20%、农户出资 70% 购买马铃薯种植、收获机械。到 2001 年春，该基地建设基本完成。基地面积达到 0.6 万亩，大型指针式喷灌设施 8 套。基地以克新 1 号为主栽品种，统一组织种薯货源，确保种植需求。同时，市政府从具有实践经验的科技人员队伍中选拔出一批技术骨干，专抓马铃薯基地建设，在该基地全面推广测土配方施肥、高垄栽培、病虫害防治、中耕浇水等技术。目前，该基地的马铃薯种植面积已经形成规模，连片种植达到 500 亩以上,农户的生产技术水平有了很大的提高,脱毒种薯的覆盖率达到 50%,基本实现了机械化作业,同时,田间管理也逐步科学化。基地马铃薯单产水平显著提高,农户收入明显增加。

在太平庄马铃薯标准化生产基地示范效果的带动下,先后又在四子王旗兴建了巨巾号、大黑河两个生产基地,规模分别为 32 万亩、25 万亩;在察哈尔右翼中旗兴建了布连河、米粮局两个生产基地,规模分别为 18 万亩、12 万亩;在察哈尔右翼后旗兴建了红格尔图、乌兰哈达两个生产基地,规模分别为 11 万亩、5 万亩。

乌兰察布市的马铃薯生产基地建设已经取得了极大的成效。各基地都实现了规模化种植,脱毒种薯的覆盖率达到 40% 左右,农户的马铃薯生产技术水平有了很大的提高,基地农户的收入大幅度增加。2014 年,全市马铃薯生产基地的单产水平明显高于全市平均水平。

(2)龙头企业带动型

乌兰察布市马铃薯脱毒种薯的生产采用龙头企业带动型的组织形式。公司自己生产脱毒种苗及微型薯,向种薯基地的农户提供微型薯,由农户负责生产原种及良种;公司在脱毒种薯生产期间为农户提供相关的技术指导;农户生产出的原种及良种交由公司负责销售;公司与农户通过合同关系,确定以保护价收购。马铃薯脱毒种薯的生产投入较高,对技术的要求也很高,并且销售的对象特定,农户自己无力生产而且无销售的渠道,所以农户的违约率低;同时,龙头企业虽有技术及销售渠道,但没有生产的土地及人力,所以也乐于和农户合作;加之种薯的生产企业及生产农户数量有限,使得一一签订合同具有可行性。

乌兰察布市共有两家大型的从事马铃薯脱毒种薯销售的企业。集宁福瑞特薯业有限公司是具有自营出口权的马铃薯专业公司。公司占地总面积 3 万平方米,主要设施有马铃薯种薯储存窖 3 000 平方米、现代化人工气候温室 1 050平方米(每年可生产脱毒种苗 200 万株、微型薯 180 万粒)、恒温保鲜库 8 000平方米,主要经营项目是脱毒种苗、种薯生产与经营,马铃薯生理生化研究,马铃薯生产、加工技术咨询服务,马铃薯商品经营,等等。而乌兰察布市种子公司是一家国有企业,拥有作物组织培养室 280 平方米,人工气候温室 1 140 平方米,每年可以生产脱毒种苗 250 万株、微型薯 200 万粒左右。

该市以集宁福瑞特薯业有限公司、乌兰察布市种子公司为龙头,在马铃薯脱毒种薯的生产中率先实现了产业化经营。实现了产业化经营以后,该市马铃薯脱毒种薯的产量不断增加,农户收益也大幅度上升。

6.2.3 不同组织形式下的成本效益分析

从上文可以知道,在乌兰察布市,产业化经营(生产基地)的农户,亩均纯收益高于家庭经营的农户。为了更深入地研究这一现象,本书对不同组织形式下农户的成本效益进行了分析(表 6-1)。由于该市的马铃薯生产基地分为普通基地和标准化基地,而标准化基地的基础设施比较完善,单产水平高于普通基地,所以本书对马铃薯生产中不同基地以及家庭经营的成本效益分别进行了分析。

表6-1　乌兰察布市马铃薯亩均生产成本效益分析

	家庭经营	普通基地	标准化基地
产量/kg	997.82	1 067.00	1 101.33
产值/元	519.86	554.84	572.69
总成本/元	228.62	247.77	260.55
生产成本/元	223.62	242.77	255.55
物质与服务费用/元	117.72	147.94	168.06
化肥费用/元	21.06	30.46	34.83
种薯费用/元	78.28	89.33	89.36
其他费用/元	18.38	28.15	43.87
人工成本/元	105.90	94.83	87.49
家庭用工/元	105.90	85.73	78.75
雇工费用/元	0.00	9.10	8.74
土地成本/元	5.00	5.00	5.00
纯收益/元	291.24	307.07	312.14

数据来源：乌兰察布市农调队

从表6-1中可以看出,标准化基地的亩均纯收益最高,普通基地次之,而家庭经营的亩均纯收益最低。进一步分析可以发现:①标准化基地的亩均其他费用是家庭经营的2.4倍,是普通基地的1.6倍(其他费用是指扣除化肥费用及种薯费用之外的物质费用,主要包括固定资产折旧费、病虫害防治费用等),原因是标准化基地的灌溉设施、种植机械及收获机械的普及率较高。标准化基地的单产水平较高。②标准化基地的化肥费用及脱毒种薯费用都略高于普通基地,而明显高于家庭经营。说明在该市,普通基地与标准化基地农户的脱毒种薯覆盖率及化肥费用投入相差很小,但是与家庭经营农户的差异较大。进而该市生产基地的单产水平明显高于家庭经营。③由于基地(包括普通基地及标准化基地)农户的机械化水平比较高,因此人工成本低于家庭经营农户;另外家庭经营农户完全靠家庭劳动力,而基地农户在农忙季节(主要是马铃薯的收获季节),会雇用部分工人。

6.2.4 马铃薯产业化发展趋势

马铃薯的产业化还将进一步发展。市场竞争日益激烈,小规模、零散的马铃薯种植者很难在竞争中获利,马铃薯种植者要提高效率,必然要走专业化、规模化的生产道路,而该市马铃薯生产基地建设的经验表明,生产基地带动型的产业化经营是适合当地马铃薯产业发展的有效组织形式。随着经济的发展以及马铃薯产业的发展,生产基地带动型可能成为该市马铃薯产业的主导经营模式。目前,该市的生产基地中,标准化基地的面积只占基地总面积的 1.3% 左右,普通基地的节水灌溉设施还没有普及,机械化水平也较低。所以,随着马铃薯产业的发展,该市马铃薯生产基地的规模、基本设施及农业机械的配置方面,都将会有很大的发展。

6.3 产业化经营过程中的农业规模经营主体分析

近些年,伴随我国农业领域改革进程的推进,农业规模经营成为必然。2008 年,我国首次提出"家庭农场"概念,此后,规模农业经营成为一种现代化农业发展趋势。

6.3.1 相关概念解读

(1) 规模经营

"规模经营"的内涵基本等同于"规模报酬"或者"规模经济"。"规模经营"严格来讲在经济学理论领域并不存在,却是约定俗成的概念。"规模经营"是指于特定的生产技术水准背景下,通过优化配置资本、管理、土地和劳动力生产要素,实现规模经营效益的最佳状态。我们可以从两个角度衡量规模经营所取得的效益:其一是通过一定产量达到成本的最小化,以合理组合多种生产要素的办法实现最优化配置;其二是通过既定成本与要素价格的合理配置实现最终产出的最佳效益。

(2)农业规模经营

"农业规模经营"是指依据当地的耕地条件、社会环境及时代背景,为提高农业劳动产出率、劳动生产率和产品商品率而确定的农业经营规模。劳动力、资本、土地和管理是农业规模经营的主要要素,农业规模经营要素的配置目的是使得生产规模扩大化,使得产品成本降低和收益增高,以获得较佳的社会经济效益。适度是农业规模经营的重要前提,其要求在保证提升土地生产率的基础上,农业劳动经营对象数量和当地科技发展水平及社会发展水平相一致,从而实现劳动效益与其他效益的优化组合。

(3)农业规模经营主体

"农业规模经营主体"是指那些经营面积较大,形成一定规模的农业经营主体。其经营的农业生产用地一般通过以下两种途径而来:特殊的地理社会条件(如所在地地广人稀)造成家庭承包总面积较大而形成规模,通过土地流转而形成规模。

6.3.2　规模经营主体类型

随着马铃薯产业的发展,乌兰察布市的马铃薯规模经营主体也不断出现。

(1)家庭承包总面积大而形成规模

乌兰察布市位于长城以北农牧过渡带上,地形自北向南由蒙古高原、乌兰察布丘陵、阴山山脉、黄土丘陵四部分组成。习惯上将大青山以南部分称为前山地区,以北部分称为后山地区。前山地区有集宁区、卓资县、兴和县、丰镇市、察哈尔右翼前旗、凉城县。后山地区有四子王旗、察哈尔右翼中旗、察哈尔右翼后旗、商都县、化德县。前山地区地形复杂,丘陵起伏,沟壑纵横,间有高山,有大小不等的平原,平均气温高于后山地区,雨水相对较多,比较适合种植业的发展,所以人口也相对较多,人均耕地面积相对较少。后山地区为乌兰察布市丘陵地带,地势南高北低,南部是比较平坦的天然大草原,地广人稀,人均耕地面积多。

四子王旗、察哈尔右翼后旗的人均耕地面积达到8亩,四子王旗的部分村人均耕地面积达到 15 亩,甚至 20 亩。普通的四口、五口之家,承包的耕地总面积可达到 50 亩,甚至 100 亩左右,形成规模。但由于同一村庄内部耕地按肥沃程度区分为不同的等级进行分块承包,所以这些农户承包的耕地并没有连成大块,给农业经营带来诸多不便。

由于家庭承包总面积大而形成的规模经营,是当地出现最早的农业规模经营模式。乌兰察布市开始重点发展马铃薯产业时,这些人均耕地面积大的地方率先成为马铃薯生产基地,享受到政府的各项扶持,所以人均收入、家庭总收入增长很快,农户率先富裕起来。如四子王旗的两个乡,户均耕地面积达到 80 亩,成为乌兰察布市最早的马铃薯生产示范基地。在政府的扶持下,于 1997 年建成马铃薯标准化生产基地。由市政府提供大量的资金、技术支持,当地农户率先富裕起来,收入快速增长,2000 年,户均纯收入达到 2 万元,2016 年,户均纯收入达到 8 万元。

(2)通过土地流转而形成规模

现阶段我国土地流转有广义和狭义之分。狭义的土地流转指的是土地承包经营权的流转;广义的土地流转所包含的内容非常广,是指土地所有权在法律上流转,拆迁、征收都包括在内。现阶段,国内学者研究的大多是狭义的农村土地流转,即农民把自己的土地承包经营权通过转包、出租等方式进行流转。在乌兰察布市,土地主要以出租的形式进行流转。

最初,在人均耕地面积较少但又适合马铃薯生产的旗县,如察哈尔右翼中旗等地,当地的一些种田能手通过和村民进行集体谈判,成片集中租用村民的耕地,用来种植马铃薯。由于乌兰察布市大部分地区为雨养农业,为提高马铃薯产量,减少种植风险,这些种田大户首先在租来的成片耕地上钻井,铺设管道,采用喷灌的方式保障马铃薯生长过程中的水分需求。所以当地农民把这些流转以后集中经营的耕地形象地称为"圈灌"。这些"圈灌"的承包者在短短几年内收入大增,引发模仿效应,在随后的几年内,乌兰察布市的马铃薯"圈灌"数量不断增加,总面积也快速增长。

这些"圈灌"的面积大小不等,小的 100 亩左右,大的几百亩甚至上千亩。根据承包者的不同,这些"圈灌"可以分为个人承包、合伙承包、企业承包。个人承包指的是承包者是单人(家庭),由于个人资金实力有限,因此一般规模较小;

合伙承包是指由两人(家庭)以上合伙承包,由合伙人共同出资、共同经营、共享利益、共担风险,其规模中等;企业承包是指由一些农业产业化龙头企业承包经营,由于这些企业资金实力雄厚,因此其规模通常较大,那些上千亩的"圈灌"的经营者通常都是这些农业产业化龙头企业。

图6-1　马铃薯种植基地的喷灌设施

6.3.3　规模经营主体的经营特征分析

与传统的家庭经营相比,这些马铃薯规模经营主体的生产经营过程具有如下特征:

(1) 投入大,产出高

农业规模经营就是将分散的土地集中起来,首先形成规模效应,然后在此基础上进行科技与管理上的创新,以科学的方式进行生产,最大限度提高土地的单位经济效益。农业规模化经营是发展现代农业、提高农业比较收益的必然选择。发展规模经营,必须增加对土地的投入,提高集约化经营水平,既可以使生产规模化、产业化,又可提高土地效率。

规模经营主体的投入主要体现在以下几个方面:①土地流转费用。在不同的农村,因土地肥力不同、交通便利程度不同、农田基础设施不同,流转费用也不同,平均为每年300元/亩。②一次性的固定设施投入,如钻井、喷灌、必要的农业机械等。其中钻井费用平均为35 000元/眼,喷灌铺设费用平均为200元/亩,农业机械包括大型拖拉机、播种机、农用汽车等,不同的型号之间价格差异较大,但总体价格偏高。③脱毒种薯费用。为提高产量、提升产品品质,这些规模经营主体通常不用普通鲜薯留种,会购买脱毒种薯进行播种。由于脱毒种薯价格高,种薯费用达到 300 元/亩左右。④人工费用。规模经营主体在马铃薯生产经营过程中,需要雇用大量的劳动力。播种(4 月末 5 月初)、田间管理(7 月)、收获(9 月末 10 月初)等环节都需要集中雇用劳动力,近些年,农忙季节农村劳动力价格大幅提升,2017 年秋季达到每天每人 180 元。

与传统的家庭分散经营相比,规模经营的产出明显偏高。2015 年 10 月在部分乡的实际调研结果显示,当年普通农户的单产为 15 吨/公顷,而规模经营主体的单产最高可达 19.6 吨/公顷。

(2)现代化程度高

与传统的家庭分散种植相比,规模经营的现代化程度较高。

首先,体现在灌溉设施上。乌兰察布市地处农牧交错地带,降水量少,而当地大部分耕地没有灌溉设施,是传统的雨养农业。规模经营主体则充分利用地下水资源,实施节水农业,微喷、滴灌的普及率高。

其次,体现在机械化水平上。一些大型的农业机械如播种机、旋耕机(可见图 6-2)、收获机、筛选机等被这些规模经营主体广泛采用,这一方面节省了劳动力支出,另一方面提升了农业生产效率。

图 6-2　马铃薯旋耕机

(3)销售相对有保障

市场经济体制下,传统的农业家庭在参与市场竞争的过程中,由于其个体力量薄弱,经常处于不利地位,承受着较大的风险。对于当地的马铃薯种植户而言,最大的风险来自于销路不畅、价格不稳定。随着乌兰察布市马铃薯产业的发展,当地的马铃薯在全国市场上有了一定的知名度,每年都会吸引大量的外地客商。规模经营主体生产的马铃薯因产量稳定、产品品质高而备受客商青睐,绝大多数规模经营主体在和外地客商多年的交易中形成了相对稳定的购销关系。

6.3.4　规模经营主体融资障碍分析

从实际发展历程来看,融资困难是规模经营主体发展最主要的制约因素。马铃薯规模经营主体资金供求示意图可见图 6-3。

```
┌─────────────────────┐         ┌─────────────────────┐
│   规模经营主体资金    │         │   规模经营主体资金    │
│   需求水平及用途      │         │   供给渠道与水平      │
└─────────────────────┘         └─────────────────────┘
```

土地流转所需　　一次性投入所需　　每年生产所需　　自有资金　　银行信贷资金　　政府财政资金　　民间资金

存在的主要问题

资金需求量大　　自有资金有限　　银行信贷资金供给不足　　政府财政资金投入不足　　民间信贷成本高、风险大

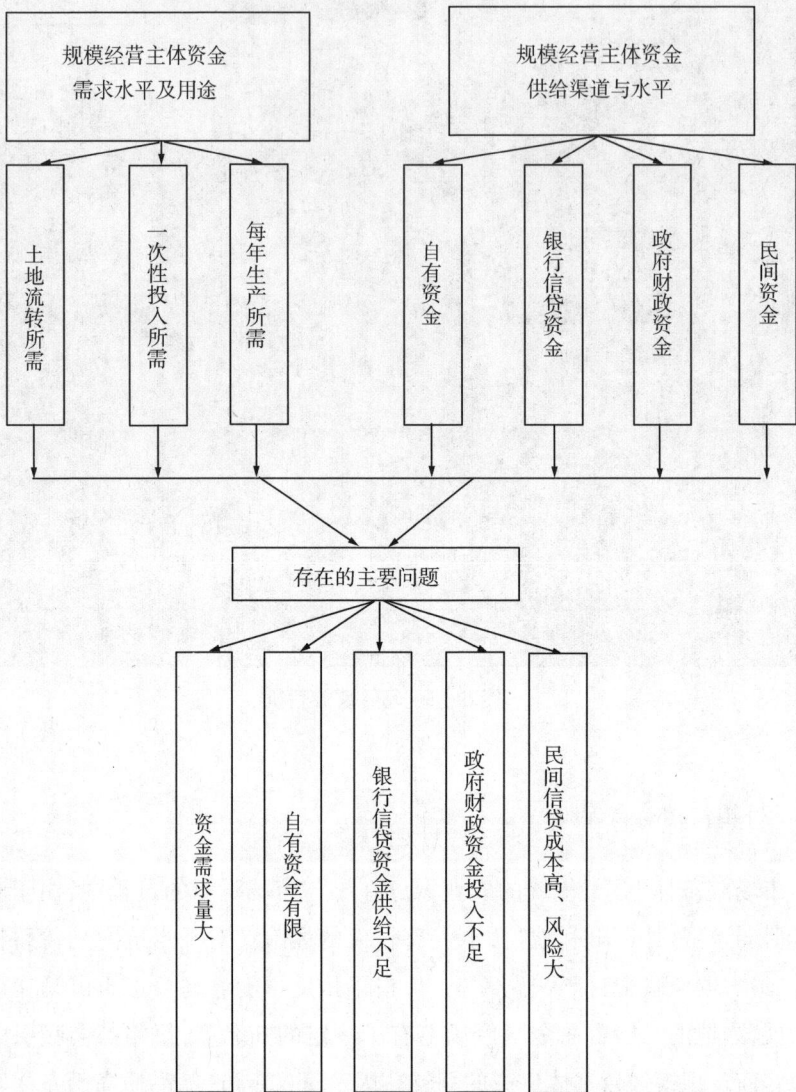

图6-3　马铃薯规模经营主体资金供求图

(1)自有资金有限

调研数据表明,绝大多数因家庭承包面积大而"天然"形成的农业规模经营主体主要靠内源融资逐步发展起来,即主要依靠家庭自有资金。这是由于这些"天然"形成的规模经营主体规模相对较小,机械化程度低,很多甚至没有基本的灌溉设施,产量有限,外部融资难度大、成本高,因此只能依靠家庭自有资金。

然而,大部分农户总体收入不高,自有资金有限,制约了这些规模经营主体的进一步发展。

(2)银行信贷资金供给不足

银行信贷资金是指通过银行授信渠道取得的各类资金,主要是各类贷款。理论上讲,银行贷款的成本相对较低,应该成为规模经营主体融资的主要途径,但银行等金融机构为了降低风险,对贷款人的资格审查较为严格,同时,普遍要求大额贷款要有实物资产担保,限制较多。农业规模经营主体的生产经营风险较大,又缺少可做担保的实物资产,所以造成其银行信贷资金的取得较为困难。

(3)政府财政资金投入不足

农业是一个弱质产业,其发展过程中需要多方主体参与建设。一些农业基础性设施投入大,农户或者其他经营者难以承担;农业生产的季节性极强,需求量大而时间集中,必要的时候需要政府给予一定的支持。近些年,我国加大了对农业、农村的投入,逐步开始对农民进行补偿,但是,总体投入有限。

(4)民间信贷成本高、风险大

农户自身资金有限、银行信贷资金供给不足、政府财政资金投入不足,与此同时,农业规模经营主体的资金需求量却很大。很多农业规模经营主体只能通过民间信贷来解决资金需求。但是,民间信贷的成本太高,会给农业规模经营主体造成沉重的资金负担。

6.4　本章小结

本章对乌兰察布市马铃薯的家庭经营、产业化经营以及产业化经营过程中的规模经营主体进行了分析。

家庭经营是我国农业经营的传统模式,但是随着农业市场化的推进,由家庭经营而造成的土地细碎化、农民弱势化等问题日益突出,农业产业化经营应运而生。产业化经营把农业产前、产中、产后各环节很好地衔接起来,有利于组织农民参与市场竞争,成为乌兰察布市马铃薯产业发展的一个重要方向。在产业化经营过程中,一些新型的农业规模经营主体不断涌现,有助于农业实现现代化、高效化,但融资障碍极大地限制了规模经营主体的进一步发展。

第七章

产业发展中存在的问题及进一步发展的对策建议

7.1　发展过程中存在的问题

20世纪90年代,乌兰察布市在产业结构调整中,把马铃薯列为四大主导产业之一,作为农民收入的重要增长点大力发展。经过二十多年的发展,目前全市的马铃薯产业已初具规模,产业化经营初见成效,在农业增产、农民增收过程中发挥的作用越来越明显,但是,依然存在着一些问题。

7.1.1　传统的经营模式所占比例较高

目前,乌兰察布市约有40%的马铃薯生产仍然采用传统家庭经营的组织方式。在不同的地区,农户的种植面积也不同,规模较大的有几十亩、上百亩,规模较小的仅为三四亩。近些年,播种机、拖拉机等机械逐渐普及,这部分农户在种植模式上也逐渐实现机械化,但由于农户的耕地相对分散,所用机械以小机械为主,生产效率不高;种植的品种以传统的紫花白为主,高产、优质的新品种很少;农户生产所用的种薯以自己留用为主,脱毒种薯的覆盖率低;灌溉设施没有普及,马铃薯生产仍然受干旱的威胁;马铃薯的生产技术水平虽然有了很大的提高,但总的来说,科学的栽培技术、科学的水肥管理技术还没有得到广泛推广、应用。家庭经营农户的马铃薯单产水平低,亩均纯收益也较低。

7.1.2　品种结构不合理

首先,虽然乌兰察布市近些年先后引入多个优良的马铃薯品种,但总的来说,引入的品种仍然以新鲜食用薯为主。纵观全市的马铃薯生产结构,无论是家庭经营还是"圈灌",都以紫花白等新鲜食用薯为主,加工专用薯品种少、播种面积小、产量低、供不应求。

其次,乌兰察布市的气候条件非常适合脱毒种薯的生产,相关的技术也处于全国领先地位,但马铃薯脱毒种薯生产中仍然存在着许多问题。由于历史原因,该市生产的马铃薯脱毒种薯只是为了满足市内需求,所以总产量低、在生产结构中所占的比例小。种薯生产由多家运作,形不成合力,加之没有统一的技术操作标准及质量标准,检验方法和手段落后,缺乏有效的监督和管理,导致种薯质量参差不齐。由于缺乏专门的存储手段,在种薯的存储和管理中,品种混杂和种薯当商品薯处理的情况时有发生。

7.1.3　加工业发展滞后

马铃薯深加工产品种类繁多,如各种精淀粉、薯片、薯条、土豆泥、粗淀粉、粉丝、粉条等。目前,全市马铃薯加工企业的年鲜薯转化总能力为 90 万吨左右,总体加工能力有限。除富广公司、奈伦公司拥有先进的生产设备,能生产附加值高的精淀粉、薯条等产品外,其他加工企业只能生产食用型淀粉和粉丝、粉条等附加值低的初级加工产品。

7.1.4　流通参与主体发育滞后

目前,该市的马铃薯生产仍然以分散经营为主,单个农户的市场力量薄弱,在竞争中处于不利的地位,加之能够引导农户进入市场的各种中介组织很少,仅有的一些马铃薯营销协会也处于初级发展阶段,仅能够为农户提供有限的信息服务,因此,马铃薯经纪人的存在就显得十分重要,但是目前的马铃薯经纪人本身经济力量有限,并且没有与农户形成稳定的合作关系。由于多种因素的制约,产销紧密结合组织仅能在种薯流通中发挥作用。加工企业本应该是马铃薯产业中的龙头,在马铃薯流通中也应该发挥很大的作用,但目前该市的马铃薯加工业发展严重滞后,企业少且规模较小,实力较弱,无法起到龙头的带动作用,一般是从经纪人手中购买马铃薯,与农户直接发生联系的很少。

7.1.5　产地批发市场建设滞后

批发市场是流通体系中的重要环节,但目前该市马铃薯产地批发市场的建设也存在一些问题。批发市场的建设缺乏统一规划,存在着低水平重复建设的问题。全市共有不同规模的批发市场、交易市场多个,除北方马铃薯市场和集宁马铃薯批发市场有一定的现代化存储设施外,其余的市场仅有一些大型的储窖,马铃薯储存过程中损耗严重;配套的信息系统缺乏,无法发挥信息中心的功能;市场内部的交易以买卖双方的面议为主,这使得同一市场内部同时存在着多个交易,无法形成统一的价格;对批发市场的相应管理落后,对进入、退出市场的资格缺乏审查,哄抬物价的现象时有发生,而市场仲裁机构也无法发挥相应的作用。

7.1.6　土地流转受限

长期以来,我国土地流转比例较为稳定,占农户家庭承包面积的 4.5% 左右。近些年,我国的城市化进程逐渐加快,农户的耕种模式也发生了根本性的变化,农民的理念也慢慢发生了转变。与以前相比,农村土地流转越来越普遍,流转面积也逐年增加。2007 年末,全国农村土地承包经营权流转总面积达6 372万亩;2008 年末,这一数据上升到 1.09 亿亩;到 2012 年末,全国土地流转面积已经达到 2.78 亿亩;2015 年末,这一数据达到 4.03 亿亩。土地流转在快速发展的同时,也逐步暴露出一些问题。

近些年,我国大部分地区经济发展速度趋缓,部分企业经营困难,劳动力市场处于低迷状态,给农民在城市中的就业带来了更多的不稳定因素,这就导致土地的社会保障功能凸显,农民返村意愿增加,农村土地流转意愿降低。与此同时,农村土地流转价格节节攀升,这虽然有利于提升农民的收入,但与此同时给土地规模经营者提出了更大的挑战,一定程度上影响了土地的流转速度。更高的流转价格意味着土地经营者的经营成本上升、利润空间下降,在农产品市场价格不稳定的前提下,土地经营者承担的成本压力增加,最终导致部分有意愿的经营者持观望状态,土地流转有价无市。

7.1.7　规模经营主体发展困难

农业适度规模经营有利于促进农业技术推广应用,进而提高农业生产效率,促进农业增效、农民增收。但经营规模的扩大伴随着投资规模的快速上升。规模经营主体的融资障碍,成为制约农业适度规模经营进一步发展的主要因素。

近些年,农业生产成本逐渐增加,给农业规模经营者带来的压力也随之而增加,成为制约马铃薯规模经营进一步发展的因素之一。在良种、农药、化肥投入不断增加的同时,农业规模经营者在播种、田间管理、收获等各环节都需要大量雇用劳动人员,相应费用的上涨给经营者造成巨大的压力。与此同时,马铃薯的价格不稳定使得经营者承担的风险进一步增加,严重影响了农业规模经营者的收入。部分现有的规模经营主体选择放弃或者退出,而其他有意向的经营主体也往往改持观望态度。

7.2 进一步发展的对策建议

乌兰察布市马铃薯产业的进一步发展,应该是在市场竞争的基础上实现的,而不是通过行政干预来实现的,但是在依靠市场调节的同时,也离不开政府的宏观调控。因此,本书提出以下政策建议。

7.2.1 促进马铃薯生产由数量效益型向质量效益型的转变

1995 年以来,该市的马铃薯生产快速发展,但马铃薯产出的增长方式仍然有必要转变,政府需促进马铃薯生产方式由传统方式向现代化、产业化方向发展,从低效益向高效益转变。

政府可以采取的措施有:加大对现有技术的改造,引进一些先进的生产技术;加大对新品种、新技术、新材料的实验、示范、推广力度;完善脱毒种薯繁育体系和推广体系,加快脱毒种薯的推广、普及;加强生产基地的基础设施建设;鼓励龙头企业参与基地建设,提高产业化经营程度;等等。

7.2.2 促进马铃薯产业结构内的调整,大力发展马铃薯精深加工

1980 年以来,特别是农牧业产业结构调整以后,乌兰察布市的马铃薯产业得到长足发展,马铃薯产量大幅度增长;但是,在目前的产品结构下,该市的自然、技术优势没有得到充分的发挥,仍然有必要进行调整,需要适当增加脱毒种薯及加工专用薯的种植比例。进行产业内结构调整时,实行者是农户,政府只是起到引导、扶持、推动的作用。政府可以对脱毒种薯及加工专用薯的生产实行补贴,鼓励有条件的农户进行脱毒种薯或者加工专用薯的生产。再者,可以引导和鼓励农户参与基地建设,依靠基地来带动脱毒种薯或者加工专用薯的生产。

马铃薯系列深加工产品的附加值高,应大力发展马铃薯精深加工业。推进符合市场需求和产业发展需要的马铃薯加工关键技术自主创新,提升产业加工技术水平,不断提高产品的自动化、智能化、信息化、人性化水平,提升产品品质,提高综合加工技术装备设计制造能力,提高关键环节和重点领域的创新能力,实现马铃薯初加工至深加工全面协调、可持续发展。

进一步提高国产设备的可靠性、稳定性、成套性,使得核心技术接近或达到国际先进水平,创新具有自主知识产权的新型加工技术和装备。使国产马铃薯加工设备向高效、连续化生产方向发展,实现生产工艺和装备创新双重发展。同时重点发展与马铃薯加工业相关的育、耕、种、管、收、运、贮、加工等主要生产过程使用的先进装备,提高信息收集、智能决策和精准农田作业及精深加工能力。

马铃薯加工业产业链各环节创新方向:种薯企业加大研发力度,多出拥有自主知识产权的新品种,提升供给水平;初加工企业继续提高产品加工水平与品质水平,实现绿色生产,扩大产品应用范围;深加工及休闲食品企业创新驱动,不断开发营养美味的新产品,满足消费,引导消费;配料企业持续自主创新,开发天然健康配料、特色风味产品;加工技术设备生产企业向着自动化、智能化、信息化、人性化发展,加强高科技含量的大型加工设备和流行产品生产设备研究;马铃薯科研院所拓宽马铃薯产品开发思维,增强科研实力,进行基础技术开发与推广,大力提高科研水平和推广应用能力。

7.2.3　多方努力,开拓市场

应该优化种植结构,使供给多元化,满足不同消费者的需求;加强对马铃薯质量的管理、监督工作,促进统一的马铃薯质量标准的形成,保证乌兰察布市马铃薯的质量,提高产品在国内外的知名度;各部门应该立足本职、全力合作,积极开展各种形式的服务,为马铃薯销售创造良好的环境,推动马铃薯销售工作的顺利进行。

7.2.4　发展壮大有能力的中介组织及经纪人队伍

目前,乌兰察布市的马铃薯生产者(农户)众多而且力量薄弱,在市场竞争中处于不利的地位。中介组织及经纪人在市场交易中的规模比较大,拥有一定的市场力量,其不仅仅是价格接受者,还能使生产者获得更多的收益。但该市现有的一些中介组织及经纪人的能力有限,不能有效地组织农户进入市场,需要政府努力扶持中介组织及经纪人队伍。政府可以通过对各类型中介组织及经纪人队伍实行贷款、税收方面的优惠政策,并为其提供信息、技术支持,使其发展壮大。

7.2.5 加强马铃薯批发市场的建设

近几年,乌兰察布市的马铃薯批发市场发展迅速,但也存在低水平重复建设的问题。该市有多处较大型的批发市场,但各市场硬件设施缺乏、交易方式落后、信息不畅通。必须多方努力,加强马铃薯批发市场的建设。首先,要重视重点市场基础设施的配套工作,加强现代化的存储设备、通信设备的配备。其次,要加强批发市场的管理工作,规范市场各参与主体的行为,保证市场交易顺利进行。

7.2.6 促进耕地合理流转

其他发达国家土地流转经验表明,完善的土地流转市场能够在一定程度上加快农村土地流转速度。培养和建立一些有规模、专业经营丰富的土地流转市场,发挥流转市场在农村土地流转中的基础性作用。建立健全相应的监督体系,加强对土地流转市场、流转过程的监控与监督,规范各方主体的行为,促进耕地合理流转,实现马铃薯规模经营。

7.2.7 完善农业规模经营的政策法律体系

首先,要从思想上认识到农业规模经营的重要性,高度重视农业规模经营的发展。采取措施促进马铃薯规模经营的发展。其次,进一步对农业规模经营发展的政策和法律体系进行完善。现有的法律法规不足以保障马铃薯规模经营主体的健康发展,需要进一步完善现有的相关法律体系,不断对政府和规模经营主体之间的关系进行规范,从而给马铃薯的规模经营营造自由的发展环境。最后,对金融服务体系加以完善,建立马铃薯规模经营融资担保体系,从而解决农业规模经营融资困难的窘境。可以通过立法来对担保机构的法律地位加以明确。根据担保机构的担保功能,可以将担保机构纳入金融机构监管体系。与此同时,银行信贷咨询系统需要对信用担保机构采取开放接纳的态度。还可以通过加强政策性的担保资金来源立法为马铃薯农业规模经营发展营造良好的资金环境。

7.2.8　加大对农业规模经营主体的扶持力度

应该有效整合农村地区农业项目以及资金,向规模经营主体进行倾斜,包括税收优惠以及信贷支持等。建立健全农业社会化服务体系,为规模经营主体提供必要的生产前经营规划、生产过程中技术支持、生产后的市场供求信息,为规模经营主体提供高质服务。

7.2.9　完善农业保险制度

农业是弱质产业,农民承担的风险极大。市场条件、自然条件等变化都有可能给农民带来严重的损失。所以,应该进一步提高我国农业保险的覆盖程度,开发多元化的农业保险品种。通过宣传、培训等多种途径对农民进行保险意识教育,努力提高农业保险的覆盖率,建立相关保障标准,降低农业经营者的风险。

第八章

结论

8.1 马铃薯消费结构将进一步调整

食用消费是我国马铃薯消费结构中最主要的一部分,脱毒种薯消费、加工业消费所占比例将逐渐上升,饲用消费及损耗所占比例将会有所下降,但是食用消费仍将是最主要的消费方式。

8.2 马铃薯生产结构将进一步调整

目前,该市马铃薯市场存在着产品结构性过剩的现象。新鲜食用薯所占比例大,出现了"卖难"的问题;脱毒种薯的产量少、质量低;同时,现有的加工专用薯的产量及质量无法满足市内加工业的需求。目前,生产结构正在进行调整,脱毒种薯、加工专用薯所占比例将进一步增加。

8.3 产业化经营将进一步发展

乌兰察布市的马铃薯市场竞争日益激烈,小规模、零散的马铃薯种植者很难在竞争中获利,马铃薯种植者要提高效率,必然要走专业化、规模化的生产道路,而该市马铃薯生产基地建设的经验表明,生产基地带动型的产业化经营是适合当地马铃薯产业发展的有效组织形式,所以,随着经济的发展以及马铃薯产业的发展,生产基地带动型的产业化经营可能成为该市马铃薯产业的主导经营模式。该市马铃薯生产基地的规模以及软件、硬件配置方面,都将会有很大的发展。

8.4 流通体系将进一步完善

集贸市场曾经在该市马铃薯流通体系中占据着十分重要的地位,但随着批发市场的发展,集贸市场的地位开始下降。尽管该市的马铃薯批发市场发展迅速,但到目前为止,批发市场的建设还处于初级阶段,批发市场的功能还没有完全发挥。中介组织及经纪人队伍在马铃薯流通过程中应起着十分重要的作用,但是,到目前为止,该市的马铃薯中介组织发育程度差,马铃薯经纪人队伍虽然有了一定的发展,但总的来说还不够强大,在流通中发挥的作用有限。随着马铃薯产业的发展,该市马铃薯流通体系也将进一步完善。一方面,流通中各参与主体将进一步发育成熟,利益分配也将趋于合理;另一方面,流通各渠道也将进一步完善,其中,流通中最为重要的马铃薯批发市场的建设也将进一步加强,批发市场的各功能也将逐渐发挥;此外,市内马铃薯流通主体直接与终端市场(零售市场)联系也将成为该市马铃薯流通体系进一步发展的方向。

8.5　价格波动、差价体系将趋于合理

受供求变化及市场结构的影响,年际之间,该市的马铃薯价格呈现出周期性波动的特点,4年为一个周期。2000年后,该市马铃薯价格的波动趋缓。马铃薯供求的变化以及马铃薯市场结构都对马铃薯的价格产生影响。

随着马铃薯产业的发展,该市的马铃薯存储能力及存储手段都将进一步发展,马铃薯的供给量在时间上趋于均衡,马铃薯的季节差价将趋于缓和。随着马铃薯标准化生产的实施及马铃薯种薯质量监测体系的逐步完善,该市马铃薯的品种差价、质量差价体系也将逐渐科学。

参考文献

[1]白美兰,侯琼.马铃薯产量的风险评估及区划研究[J].气象科技,2003(4):237-242.

[2]陈芳,赵景文,胡小松.我国马铃薯加工业的现状、问题及发展对策[J].中国农业科技导报,2002(2):66-68.

[3]陈光辉.发展我国的速冻马铃薯工业[J].冷饮与速冻食品工业,1999(3):37-38.

[4]陈卫东,刘学贵.新型农业生产经营主体融资调查[J].区域金融研究,2013(3):85-88.

[5]冯祖卿.冬早马铃薯产业的发展现状与对策[J].云南农业,2005(9):27-28.

[6]高鸿业.微观经济学原理[M].中国人民大学出版社,2012.

[7]葛毅强,陈颖.快步发展我国马铃薯加工业[J].中国马铃薯,2003(1):48-51.

[8]胡玥.农村融资难的表现及其破解路径[J].理论探索,2014(5):100-103.

[9]康志河,杨国红.加入WTO对我国马铃薯产业的影响分析[J].中国马铃薯,2002(1):52-53.

[10]雷海章.现代农业经济学[M].中国农业出版社,2003.

[11]李秉龙,薛兴利.农业经济学[M].中国农业大学出版社,2003.

[12]李春宏.中国玉米种子市场分析[D].中国农业大学,2004.

[13]李惠.做大做强中国的马铃薯加工业[J].农产品加工,2003(3):6-7,10.

[14]李勤志,谢从华,冯中朝.我国马铃薯比较优势和出口竞争力分析[J].中国马铃薯,2004(3):129-132.

[15]李泉.西部地区马铃薯产业发展的特殊性[J].甘肃农业,2005(3):37-38.

[16]李文刚.内蒙古马铃薯市场及发展战略分析[J].内蒙古农业科技,2001(4):1-3.

[17]刘英杰.中国苹果产业经济研究[D].中国农业大学,2005.

[18]刘玉艳.中国花卉市场分析[D].中国农业大学,2004.

[19]吕一林,李蕾.现代市场营销学[M].清华大学出版社,2007.

[20]皇甫江.民族经济的发展离不开特色产业——论内蒙古地区马铃薯产业的

发展前景[J].北方经济,2005(8):7-8.

[21]秦尚云,安文正.马铃薯——阴山北麓丘陵区的优势作物[J].中国农业资源与区划,2004(6):33-36.

[22]谭向勇,古树忠.农业经济学教程[M].山西经济出版社,1994.

[23]唐联坤.马铃薯的开发价值与工艺技术[J].青海科技,1994(3):1-7.

[24]田艳丽.加速乌盟马铃薯生产加工产业化的思考[J].内蒙古科技与经济,2000(6):52-53.

[25]万连步,杨力,张民.马铃薯[M].山东科学技术出版社,2004.

[26]王贵平.浅淡内蒙古马铃薯产业的发展前景[J].内蒙古农业科技,2001(1):8,20.

[27]王瑞英,王椿.乌盟马铃薯生产情况分析[J].内蒙古农业科技,1999(3):30-31.

[28]蒲育林,王蒂.我国西部马铃薯产业发展重点领域展望[J].作物杂志,2005(5):8-10.

[29]谢开云,屈冬玉,金黎平,等.我国炸片用马铃薯原料薯生产中存在的问题与对策[J].中国马铃薯,2001(6):355-357.

[30]薛勇.马铃薯加工品缺口较大[J].农业知识,2005(5):42.

[31]阎国龙.对发展我国马铃薯种业的思考[J].种子科技,2002(4):201-202.

[32]杨海鹰,云庭,段跃,等.内蒙古马铃薯产业发展的思路与对策[J].内蒙古农业科技,2001(1):3-7.

[33]翟乾祥.16—19世纪马铃薯在中国的传播[J].中国科技史料,2004(1):49-53.

[34]翟继蓝.中国禽蛋市场及其发展趋势研究[D].中国农业大学,2000.

[35]赵国琦,阎振贵,张翔宇.乌兰察布市马铃薯生产的回顾、现状与展望[J].中国马铃薯,2005(1):56-58.

[36]赵明,郭志乾,陈学君.加入WTO,中国马铃薯淀粉业优势在哪里[J].中国马铃薯,2001(6):379-380.

[37]赵萍,李春雷,张轶,等.马铃薯生产加工现状及发展前景[J].甘肃工业大学学报,2003(1):76-80.

[38]D. Horton. Potatoes：Production,Marketing,and Programs for Developing[M].

Westview Press, 1987.

[39] G. J. Scott, M. W. Rosegrant, C. Ringler. Roots and Tubers for the 21st Century [M]. Social Science, 2000.

[40] J. F. Guenthner. The International Potato Industry[M]. Woodhead Publishing Limited, 2001.

[41] M. Nuesca, Forecasting Idaho Open - Market Potato Prices[M]. University of Idaho, 1992.

[42] J. F. Guenthner. Acreage Response: An Econometric Analysis of the United States Potato Industry[M]. Washington States University, 1989.

[43] L. Zhang, J. Guenthner, R. B. Dwelle, et al, U. S. Opportunities in China's Frozen French fry Market[J]. American Journal of Potato Research, 1999(5): 297 - 304.

[44] T. S. Walker, P. E. Schmiediche, R. J. Hijmans, World Trends and Patterns in the Potato Crop: An Economic and Geographic Survey [J]. Potato Research, 1999(2):241 - 264.

[45] 张照新, 赵海. 新型农业经营主体的困境摆脱及其体制机制创新[J]. 改革, 2013(2):78 - 87.

[46] 廖曦. 工商资本助推农业规模经营的动力与机制研究[J]. 农业经济, 2015 (4):93 - 95.

[47] 林乐芬, 法宁. 新型农业经营主体融资难的深层原因及化解路径[J]. 南京社会科学, 2015(7):150 - 156.

[48] 张龙耀, 王梦珺, 刘俊杰. 农民土地承包经营权抵押融资改革分析[J]. 农业经济问题, 2015(2):70 - 78,111.

[49] 文欣. 延安市"三权分离"土地流转模式探析[J]. 新西部(理论版), 2015 (14):16 - 17.

[50] 姜德鑫. 试论农村土地承包经营权流转法律制度的完善[J]. 新疆财经大学学报, 2009(1):5 - 9.

[51] 张艳苹. 论农村集体土地流转行政管理的法律规制[D]. 天津师范大学, 2012.

[52] 汪远忠, 孙少娟. 农民收入构成与农民增收的实证分析——以河北 W 村调

查为基础[J].生产力研究,2009(12):42-44.

[53]赵燕.农民收入结构视角下的福建农村土地流转探析[J].农村经济与科技,2016(11):100-102.

[54]何苑,马大晋,宋芳,等.与农民朋友谈土地流转[M].甘肃民族出版社,2009.

[55]王文超,张全景,吕晓.山东省农地流转现状及演变态势[J].国土资源情报,2015(11):49-56.

[56]林罕.广西玉林市土地流转发展策略分析[J].玉林师范学院学报,2016(4):49-53.

[57]许明月,吴茂见.农业基础地位面临挑战的法律对策[J].甘肃政法学院学报,2007(2):17-27.

[58]李瑶鹤,胡伟艳.农村土地流转对农民收入的影响分析[J].中国农业信息,2016(22):38-41.

[59]韩志杰.当前农村土地流转对农民增收的影响及对策[J].中国农业文摘·农业工程,2016,28(5):49-50.

[60]陈萌山,王小虎.中国马铃薯主食产业化发展与展望[J].农业经济问题,2015(12):4-11.

[61]卢肖平.马铃薯主粮化战略的意义、瓶颈与政策建议[J].华中农业大学学报(社会科学版),2015(3):1-7.

[62]杨炳南,张小燕,赵凤敏,等.不同马铃薯品种的不同加工产品适宜性评价[J].农业工程学报,2015(20):301-308.

[63]刘洋,高明杰,何威明,等.世界马铃薯生产发展基本态势及特点[J].中国农学通报,2014(20):78-86.

附

录

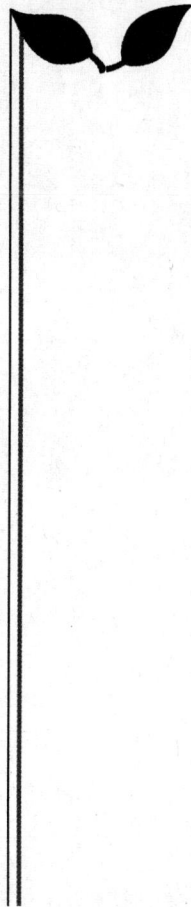

乌兰察布市概况:

乌兰察布市地处内蒙古自治区中部,于东经109°16′至114°49′,北纬39°37′至43°28′地带,北与蒙古人民共和国接壤,东与锡林郭勒盟和河北省毗连,南以长城为界与山西省为邻,西与呼和浩特市交界。全市内辖11个区、市、旗、县,分别为:集宁区、卓资县、兴和县、丰镇市、察哈尔右翼前旗、凉城县、四子王旗、察哈尔右翼中旗、察哈尔右翼后旗、商都县、化德县。

该市的气候属于半干旱性质的中温带大陆性气候。冬季寒冷漫长,多刮大风,土壤病虫害少;夏季温凉短促,降雨偏少,气候干燥。全年日照充足,雨热同季,年平均气温2.5—6 ℃,≥10 ℃的有效积温在1 631—2 800 ℃之间,昼夜温差大。无霜期95—145天,年降水量300—450 mm,其中六、七、八这3个月的降水量占全年降水量的70%左右。

全市总人口287万人,其中:汉族人口最多,遍布全市各个区、市、旗、县;蒙古族是该市人口最多的少数民族,主要分布在察哈尔右翼后旗和四子王旗;除蒙古族外,该市还有回族、满族、达斡尔族、朝鲜族、鄂温克族、苗族、藏族、土族、维吾尔族等20多个少数民族共6万多人。

后

记

　　本书是我主持的校级硕博士科研启动项目《乌兰察布市马铃薯市场分析》和校级科研项目《内蒙古乌兰察布市农业规模经营主体融资障碍研究》(项目编号:NMDYB15037)的主要成果,也是我在中国农业大学经济管理学院农业经济管理专业就读硕士研究生期间所研究的主要内容。本书也是陈爱雪教授目前承担的内蒙古自治区高等学校科学技术研究项目《土地流转背景下内蒙古东部地区农民收入长效增收机制研究》的阶段性成果。本书从生产、消费、销售、价格、产业化经营等角度,对乌兰察布市马铃薯产业进行了系统的分析与研究,总结了该市马铃薯产业发展过程中存在的问题,并提出了乌兰察布市马铃薯产业进一步发展的对策建议。

　　在本书即将出版之际,首先要感谢我的导师——中国农业大学经济管理学院牛霞教授。在攻读硕士学位期间,导师对我学业上严格要求,生活中细心关照;在工作后,导师对我工作上所遇到的各种难题都给予了无微不至的指导,使我受益终生。

　　本书在写作过程中得到了许多专家、朋友和同学的大力帮助。乌兰察布市农牧业局种植业管理科、乌兰察布市马铃薯产业化办公室、乌兰察布市农调队等单位为本书提供了大量的原始数据。乌兰察布市农牧业局的韩耀宇老师、施繁老师在数据的处理及解释过程中给了我极大的帮助,师姐文英、师兄张宗毅、师妹郭玲对本书提出了很多建设性意见。内蒙古民族大学经济管理学院的陈爱雪教授在各方面给予了我极大的帮助。在出版之际,向他们表示深深的感谢!

　　本书出版之际,我已为人妻、为人母。我的先生和儿子在心理上给予了我依靠,在生活上给予了我无微不至的照顾,非常感谢他们!

　　本书在撰写过程中参阅了许多相关研究者的学术成果,这对我的思路有很大的帮助与启发。为此,我深表感谢! 本书中难免有疏漏之处,敬请谅解!

温翠青

2017 年 12 月